W0224485

Journal intime d'une mère indigne

Pour Jules, Elsa et Roman,
qui me rendent meilleure chaque jour.

© Éditions First, un département d'Édi8, 2016

Le Code de la propriété intellectuelle interdit les copies ou reproductions destinées à une utilisation collective. Toute représentation ou reproduction intégrale ou partielle faite par quelque procédé que ce soit, sans le consentement de l'auteur ou de ses ayants cause, est illicite et constitue une contrefaçon sanctionnée par les articles L. 335-2 et suivants du Code de la propriété intellectuelle.

ISBN : 978-2-7540-8984-5
Dépôt légal : octobre 2016

Imprimé en Italie
Mise en page et conception graphique : François Warzala
Illustrations : © Nathalie Jomard

Éditions First, un département d'Édi8
12, avenue d'Italie
75 013 PARIS – France
Tél. : 01 44 16 09 00
Fax : 01 44 16 09 01
E-mail : firstinfo@efirst.com
Site internet : www.editionsfirst.fr

Journal intime d'une MÈRE INDIGNE

Jessica Cymerman, *Serial Mother*

Illustré par Nathalie Jomard

« Élever des enfants,
c'est un peu comme se battre
contre des zombies.
Il ne faut pas baisser la garde sinon,
ils te mangent toute crue. »

Je me présente : Sophie, 34 ans, un job dans la publicité, un mari avocat, Adrien (on se connaît depuis nos 22 ans, une rencontre sur un site Internet comme quoi, hein, ça peut marcher), un fils de 11 ans, César (on s'est rencontré sur un site Internet comme quoi, hein… Non j'déconne !), une fille de 6 ans, Ella (fan numéro 1 de La Reine des Neiges), une autre fille, Luna, 18 mois (une insomniaque), un chien de race non identifiée de 12 ans (Médor. Non, non, on ne s'est pas creusé la tête), deux poissons rouges (H&M), une mère (Sylvie, âge indéterminé), un père (Henri), une belle-mère (Brigitte, de race indéterminée) et un projet fou, celui de devenir, avec mon mari, des parents un peu moins indignes. Bon, surtout moi, parce qu'Adrien, il est du genre « le blond » un peu parfait, un peu énervant. Alors que moi…
Donc, c'est décidé, cette année je reprends ma vie en main et je décide de devenir une maman parfaite. Tu sais, le genre de maman qui a toujours tout bon, qui n'oublie pas de mettre son réveil, qui ne chipe pas dans la tirelire de ses enfants, qui n'arrive pas en pyjama à l'école le matin et qui aime couvrir les livres de sa marmaille. Sans compter qu'elle est superbelle et souriante, la nana (j'ai envie de rajouter un gros mot qui commence par un s et qui finit par « lope » mais ça fait mauvais genre) !

Allez, suis-moi dans cette folle aventure de la mère pas parfaite – moi – qui se donne un an pour le devenir. Allez, prends-moi la main, assieds-toi face à moi, pense à un paysage magnifique et répète « ON VA Y ARRIVER, ON VA Y ARRIVER, ON VA Y ARRIVER » (La méthode Coué pour les Nuls).

Tourne cette page et entre vite dans mon journal intime. Plus on est de fous, plus on rit (ou pas. Je me marre bien aussi toute seule, mais ceci est un autre sujet).

Sophie, la mère indigne.

LES ENFANTS, PAPA ET MAMAN ONT TRÈS ENVIE DE DEVENIR DES PARENTS PARFAITS.
MMMMmmmPPRRRFFF !
LOL !

22 janvier

Aujourd'hui, j'ai annoncé à mes enfants que leur maman allait changer. Je me suis mise à leur hauteur, comme il faut le faire d'après les psys, et j'ai simplement dit : « Les enfants, Papa et Maman ont très envie de devenir des parents parfaits. On se donne un an ».
César a pris sa tête d'étonné (il fait ça à merveille) avant de déclarer un truc franchement pas cool, comme : « LOL, MDR, PTDR, vous n'y arriverez jamais. Surtout toi, Maman ! T'es une mère indigne, t'es une mère indigne... C'est pas grave, moi je t'aime comme ça. Bon, j'avoue j'ai un peu honte devant mes potes quand tu débarques en pyjama devant l'école, mais ça fait tout ton charme, Mam's ».

OK, donc mon fils est un pré-ado qui parle en langage SMS, même à l'oral. Enfant ingrat.

Je n'ai pas pu m'en empêcher, j'ai répondu : « Va te faire voir, sale gosse », ce à quoi il a renchéri que ça allait donc être impossible de devenir une maman parfaite, « la preuve ».

Ella a repris la parole : « Bon Maman, c'est ridicule ce challenge, t'es pas dans *The Voice* là, on te garde même si t'es pas parfaite ! Et puis, je ne veux pas que tu changes moi. Enfin, si, juste physiquement, mais pas dans la tête ».

...

J'ai sursauté : « Comment ça, PHYSIQUEMENT ? ». Elle a souri (la garce) avant de répondre de façon laconique : « Bah, euh, oui, enfin Maman, tu te rends bien compte que tu as un peu des grosses fesses, non ? ». Garce. Garce. Garce.

Luna, du haut de ses 18 mois, n'a pu réprimer un fou rire et même si elle ne pige rien à rien (la faute à son âge), j'ai pensé qu'elle aussi se fichait de moi.

Tout ça sentait très mauvais, mais le coup final a été porté par le chien qui a ouvert un œil et s'est mis à rire : « Toi, Sophie, devenir une mère parfaite ? Laisse-moi rire. T'es déjà pas fichue de penser à mes croquettes et à mon anniversaire, alors bon... Ha Ha Ha ! ».

Je ne sais pas si tu as déjà vu un chien se moquer de toi, mais ça fait mal, très mal. Bâtard.

Qu'on se le dise : faut pas me mettre au défi, moi. Y'a bien des mecs qui ont marché sur la Lune (quoi que, j'en doute encore...), alors devenir une mère parfaite, ça doit être jouable. Je serai une mère parfaite. Parole de moi-même.

23 janvier

Voici la liste des qualités requises pour devenir une mère parfaite :

- ne jamais se plaindre de ses enfants en public ;
- ne jamais dire qu'on est fatiguée ;
- aimer se lever la nuit en cas de vomi/pipi/cauchemar ;
- adorer faire des sandwiches bio sans gluten pour le pique-nique de ses enfants (ce qui sous-entend de ne pas oublier ledit pique-nique) ;
- se proposer systématiquement pour accompagner les sorties scolaires ;
- être toujours belle, épilée, au top, sexy et avoir une vie sexuelle dingue (avec son mari, évidemment) ;
- adorer sa belle-mère et dire d'elle : « Oh ! si elle avait mon âge, je m'en serais fait une amie » ;
- ne pas manger le goûter de ses enfants sur le chemin de l'école ;
- faire son jogging, armée de sa poussette et accompagnée du chien parfait à ses côtés ;
- être une supercuisinière ;
- être organisée ;
- avoir d'autres amies mamans parfaites, façon réunion Tupperware (Gwyneth Paltrow ferait bien l'affaire) ;
- bannir la télévision, VADE RETRO TV !

...

- trouver ça chouette de faire le taxi pour accompagner les enfants à leurs activités ;
- aider les mômes à faire leurs devoirs sans perdre patience ;
- avoir un corps de rêve « sans efforts, c'est ma nature » ;
- ne jamais, ô grand jamais, crier après ses enfants ; garder un ton neutre et plaisant ;
- kiffer leur enlever les poux du crâne ;
- se sacrifier pour eux. Par exemple, s'il n'y a plus qu'un gâteau au chocolat, le leur laisser, ne pas le manger discrètement dans les toilettes.

(Liste non exhaustive, car la mère parfaite a plus d'un tour dans son sac Prada)

25 janvier

Hier soir, j'ai donné des pâtes à manger à mes enfants. Ça faisait quatre soirs d'affilée. Les enfants ont dit en chœur : « Tu n'y arriveras pas maman, oublie ce challenge, il est encore temps » !

26 janvier

Mon mari a déjà envie de laisser tomber le deal. Il a trop envie, malgré son côté assez parfait, de continuer à pouvoir roter et faire gofio ensuite avec César et Ella. Il croit que c'est incompatible avec le fait d'être un papa parfait. Je crois bien qu'il a raison : le papa parfait ne s'abaisse pas à ça. Je crois bien que je vais être seule dans mon challenge. Seule contre tous, comme dans les films américains où le héros doit sauver le monde, tout seul (n'empêche, de l'avis de tous, Adrien est assez parfait).

28 janvier

« Allô maman, c'est Sophie ! Voilà, j'ai un projet et je voulais t'en parler.

- Je t'écoute.
- Eh bien, j'ai décidé de reprendre ma vie en main et de devenir une mère parfaite.
- ...
- Maman, tu ne dis rien ?
- Y'a rien à dire ma petite chérie. Henriiiiiii, Henriiiiiiii, ta fille veut devenir une mère parfaite ! Tu y crois à ça, Henri ?!
- ...
- Bon, écoute Sophie, sois déjà une fille parfaite, hein, ce sera déjà bien. Allez, bisous mon cœur. »

Maman a mal raccroché, j'ai entendu Papa rire : « Une mère parfaite... et puis quoi encore ? Ta fille est dingue... ».

Il est temps que je leur fasse une crise d'adolescence à ces deux-là. À 34 ans, ça tombe à pic.

29 janvier

J'ai mis mon réveil à 5 h 30 ce matin parce que j'ai lu que le monde appartient à ceux qui se lèvent tôt, et que 5 h 30, c'est la bonne heure pour méditer.

Je me suis levée et je me sentais tellement seule dans mon salon (même le chien dormait) à tenter une méditation, que j'ai réveillé les enfants à 5 h 33 (oui, la méditation a duré trois minutes. Et alors ?).
Je leur ai fait croire qu'il était 7 h 30, l'heure de se réveiller pour aller à l'école. Ils m'ont crue. Puis, lorsqu'ils ont allumé la radio et ont entendu qu'il était 5 h 50, César a demandé, les yeux tout gonflés : « C'est quoi ce bordel, Mam's ? ». Penaude, j'ai répondu que se lever tôt c'était bon pour la santé et pour resserrer les liens familiaux. Il m'a foudroyée du regard et, attrapant Ella par la main, a dit : « Maman, t'es trop une mère indigne. On va se recoucher ».

Les enfants : 1 point / Moi : 0 point

2 février

Luna ne faisant toujours pas ses nuits à 18 mois, j'ai enfin décidé d'aller consulter un « psy du sommeil pour enfants ».
À mère parfaite, il faut des enfants parfaits… et le fait de ne pas dormir la nuit est certainement incompatible avec le fait d'être un bébé parfait.
Oui, oh, hé, hein, je sais ce que vous pensez… Qu'il faut aimer ses enfants comme ils sont, avec leurs imperfections, qu'on ne fait pas des enfants pour qu'ils soient comme on voudrait qu'ils soient… Blablablabla. Foutaises !
Que le premier qui n'a pas raconté fièrement à qui veut l'entendre que son bébé de trois semaines « fait ses nuits » de 12 heures, me jette la première couche à la figure.
Oui, oui, cessez de marmonner dans votre barbe, je SAIS que vous pensez comme moi qu'un bébé insomniaque est la pire des tortures qui existe. Je pense d'ailleurs que cela devrait être inscrit dans la liste des tortures interdites et qu'on devrait mettre en prison les bébés insomniaques. Ouais !

Bref, en lisant une interview de la trop parfaite Victoria Beckham, j'ai appris que, pour son 3e enfant, elle avait eu recours à un psy du sommeil.

...

Si Vic l'a fait, alors moi aussi (non, mon mec n'est pas footballeur, il est avocat, et alors ?).

J'ai tapé sur Google « psy sommeil bébé » et je suis tombée, ça ne s'invente pas, sur le Dr Night. Sauf que le Docteur Night, non content de m'avoir soulagée de 122 euros, m'a simplement dit que le problème, c'était moi.

« Moi ? Je ne comprends pas docteur... », j'ai tenté.

Il a hoché la tête et a juste émis un son sourd du genre « Hum Hum Hum », puis il s'est levé et m'a dit au revoir, avant de dire bien fort à Luna « Allez, ma petite, ça va aller ! ».

Bilan : le soir elle n'a pas dormi, le lendemain non plus et les jours qui ont suivi encore moins.

3 février

À la machine à café du bureau, j'ai demandé à ma collègue India (qui est du genre mère parfaite avec, pour commencer, un prénom de fille parfaite que tu ne vois que dans les magazines) ce qu'elle pensait du diagnostic du Docteur Night.
Elle a ri avec ses dents blanches sorties d'une publicité pour l'hygiène dentaire : « Sophie, Sophie, Sophie... ».

INSTANT RÈGLEMENT DE COMPTES

Je hais les gens - parfaits, de surcroît - qui répètent trois fois ton prénom avant de commencer leurs phrases. C'est bon, je connais mon prénom, ça fait 34 ans que je le pratique !

« Sophie, Sophie, Sophie, tu me fais rire. Ton docteur veut simplement te signifier d'être plus relax. *Take it easy* ! »

INSTANT RÈGLEMENT DE COMPTES n°2

Je hais les gens qui mettent des mots anglais dans leurs conversations et je hais les gens qui reprennent des mots anglais des chansons de Mika.

Forte de l'avis d'India aux dents blanches, je me suis sentie... comment dire... moins avancée.

6 février

Luna s'est réveillée trois fois cette nuit.
Mon lâche de mari m'a donné un coup de coude à chaque fois afin que JE me lève pour gérer la situation.
Au bout de la troisième fois, JE me suis levée pour gérer Luna. Très énervée, j'en ai profité pour supprimer TOUTES les appli préférées d'Adrien sur son téléphone.
Serais-je AUSSI une femme indigne ? Ça s'peut, ça s'peut...

7 février

Malgré le froid, malgré la pluie, malgré l'hiver, j'ai réussi à sortir avec non pas un, non pas deux, mais trois enfants aujourd'hui.

Je suis tellement admirable que je m'auto-embrasse.

8 février

Cher Journal,
Je dois me confesser.
Ce matin, les cernes bien noirs et l'humeur bien mauvaise, j'ai voulu me venger de Luna l'insomniaque. Je te demande de ne pas me juger, on fait ce qu'on peut.

Alors qu'elle dormait après une nuit bien pourrie, j'ai repensé aux conseils du Dr Night et de ma collègue India aux dents blanches et je me suis dit FUCK (je suis vulgaire ? bah tant mieux !). Lorsqu'elle s'est réveillée à 7 h 12 je lui ai apporté son biberon de ce qu'elle pensait être du lait de vache.

Sauf que... j'avais mis du lait de chèvre ! Hahahahahahahahaha !

La gamine a recraché à la troisième gorgée, en vociférant des « non », « pas lait, pas lait », « Maman », « pas lait ».

J'ai ri, je l'avoue.

Je ne savais pas que, derrière la porte, César et Ella m'espionnaient.

« Maman t'es fichue, sérieusement... », a dit César.

...

« Mais t'as quel âge maman, ça va pas ou quoi ? », a continué Ella.

Le chien s'en est mêlé d'un : « Et ça veut être une mère parfaite... mal barrée, la nana ! ».

11 février

Je crois qu'en hiver, on devrait louer nos enfants et les récupérer en été. Sérieusement, le temps d'habiller tous mes gosses, de mettre des gants, des écharpes, des bottes fourrées, il est déjà 16 heures.
Sachant que la nuit tombe à 16 h 30, ça laisse une fenêtre de 30 minutes pour prendre l'air. C'est peu.

13 février

Je suis cette mère qui accompagne ses enfants à l'école en pyjama (mais pas de quoi affoler un troupeau de gnous, hein, personne ne voit rien grâce à ma doudoune couvrante).

ÉCOLE
JEAN MOULIN

14 février

ALERTE Saint Valentin !

Chaque année, je boycotte cette fête commerciale et, chaque année, mon mari presque parfait me gâte avec des roses, des sous-vêtements, des livres et du parfum.

Alors, chaque année, je chipe les chocolats des enfants (ils ont une planque que je connais, penses-tu) en faisant mine de les avoir achetés pour mon mari-presque-parfait.
Et chaque année, il y croit (son côté naïf ou idiot ?)
Et chaque année, les gosses se demandent où sont passés les chocolats que leurs grands-mères leur ont offerts.
Et chaque année, j'accuse le chien.
Et chaque année, tout le monde y croit (sauf le chien, mais il ne moufte pas).

Cette année, je m'étais juré, je te le jure, je le jure, je te le jure, de ne pas récidiver.
C'est un peu l'année de ma conversion en mère parfaite, quoi.
Sauf que… Adrien est rentré du bureau avec des roses rouges à 22 heures.

Avais-je le choix ? Franchement ? Qu'aurais-tu fait à ma place ?

...

Alors, comme chaque année, j'ai chipé les chocolats des enfants en disant d'un ton assuré à Adrien : « Et moi, chéri, je t'ai acheté des chocolats ! ».

Les chocolats : 1 point / MOI : -15 points

15 février

Le gang des enfants a cherché ses chocolats partout. J'ai évidemment dénoncé le chien.

18 février

Aujourd'hui, César avait un problème de mathématiques tellement compliqué que je n'ai pas réussi à l'aider.
J'ai une tête à savoir mesurer l'aire d'un triangle rectangle ? Bah, non.
Oui, je sais qu'il va avoir une mauvaise note.
Tant pis pour lui.

19 février

Depuis les toilettes, j'ai hurlé ce matin à 7 h 32 : « AU SECOUUUUUUUURS ! À L'AIIIIIIIDEEEEEEE ! ». Ça a réveillé Ella qui a eu peur et a débarqué en panique devant la porte fermée à clé : « Quoi Maman, tu fais un arrêt du cœur ? ».
Non, j'avais besoin de PQ. À chacun ses urgences.

21 février

Parfois, je me dis qu'avec tout ce qu'on a dépensé pour nos enfants avec Adrien, on est des héros. Si on avait su, on n'aurait pas fait de gosses et, avec l'argent économisé, on se serait barré 15 ans sur une île aux Maldives.
Oui, je le pense. (Un peu.)

22 février

C'est l'heure du bilan : ça fait un mois, jour pour jour, que j'ai entamé ma transformation en mère parfaite.
Pourtant, rien n'a changé... Je continue de voler mes propres enfants, je continue de faire des blagues foireuses à mon bébé, je continue d'être indigne. Et ça me mine. Si, si, ça me mine.
Bon, OK, pas tant que ça.

24 février

Mon boss m'a demandé si je pouvais rester pour assister à une réunion de brainstorming avec un gros client. Il m'a précisé tout de même que ça allait finir un peu tard et que, compte tenu de ma situation de famille, ma présence n'était pas obligatoire et qu'on ne m'en tiendrait pas rigueur si je ne pouvais pas venir, finalement.
Tu parles que j'ai accepté ! Ne pas me taper le bain, le dîner et le coucher des enfants, quelle aubaine !
Merci, gentil mari, d'avoir assuré.

25 février

Je suis rentrée à 1 h 30 du matin de ma réunion de boulot. Quelle joie de trouver ses enfants (endormis) !

27 février

Sois fier de moi ! Hip Hip Hip Hourra ! J'ai agi comme une bonne mère aujourd'hui. Gravez ce jour, le 27 février, dans le marbre (de la cuisine de ma belle-mère, si possible, parce que bon, chez moi, j'ai pas très envie).

Ce matin, en accompagnant les enfants à l'école, Ella s'est rendu compte que j'avais oublié de lui donner son sac de piscine pour sa sortie. Embêtée, j'étais (je parle comme dans *La Guerre des Étoiles*, je fais ce que je veux, je suis chez moi, ici).

« T'inquiète pas, poussinette, Maman va te trouver une solution », j'ai dit en lui caressant la tête.

Telle une mère courage, je me suis planquée derrière un arbre, avec ma cagoule sur la tête façon gangster, et j'ai attendu. 3 minutes 12 plus tard, la petite Sofia, l'ennemie jurée de ma fille, est arrivée avec son sac de piscine dans les mains.

Travestissant ma voix, je lui ai lancé : « Ton sac ! Tout de suite, file-moi ton sac ! »

Elle n'a pas hésité une seconde et me l'a donné tout en pleurnichant.

...

J'ai laissé Sofia avancer, puis je suis sortie de ma planque. J'ai ôté ma cagoule et je suis allée retrouver Ella devant la grille de l'école, avec le maillot et la serviette de Sofia. Je lui ai confié le tout (j'avais pris soin de cacher le sac avec écrit Sofia dans une poubelle, tu me prends pour qui ?) en disant : « Tiens, poussinette, Maman a trouvé des affaires pour ta sortie ».

Elle a souri et, ne soupçonnant rien, m'a serrée dans ses petits bras avant d'ajouter : « T'es la meilleure des mamans ».

29 février

(oui, oui, c'est une année bissextile)

Je ne me doutais pas que l'emprunt (le mot vol est tellement surfait, non ?) du sac de Sofia allait créer une histoire.

Je crois que je n'avais pas tout prévu dans mon scénario « Sophie vole un sac de piscine à une gosse de 6 ans ».

Lorsque la maîtresse a demandé à Sofia où étaient ses affaires de piscine, elle a raconté : « La maman d'Ella a mis une cagoule et a changé sa voix, et m'a forcée à lui donner mes affaires ». La maîtresse, dubitative, a répondu (je le sais, Ella m'a tout raconté) : « La maman d'Ella ? Tu es sûre ? ».
Ce à quoi la traîtresse a dit : « Oui, sûre de sûre. Elle pensait que je ne voyais pas son visage mais j'ai tout vu parce que la cagoule était trop petite. Et puis, j'ai reconnu le chien au bout de la laisse aussi ».

Aussitôt, la maîtresse a demandé à ma fille de montrer ses affaires de piscine.

Est-ce que je pouvais prévoir, moi, que la maman de Sofia était une mère parfaite et qu'elle avait cousu des étiquettes au prénom et au nom de sa fille sur son maillot et sa serviette ? Maudites soient les mères parfaites !

...

Note pour plus tard : apprendre à se camoufler mieux que ça. Fous ta cagoule !

Donc, ma fille a eu la plus grosse honte de sa vie et j'ai été convoquée comme une gamine par la maîtresse, qui a tenté de jouer à Freud avec moi.
« Qu'est-ce qui vous a pris Madame ?
- Je, je, je... je ne sais pas. Je suis en challenge 365 jours pour ne plus être une mère indigne.
- ...
- Pardon 366 jours parce que cette année est bissextile, comme vous le savez, puisque nous sommes le 29 février et que donc je...
- Taisez-vous ! Vous avez menacé, intimidé puis volé le sac d'une camarade de votre fille qui a 6 ans ! 6 ANS, 6 ANS, 6 ANS ! Oh My God !

IVT

(Interruption Volontaire de Texte)

Je t'ai déjà dit que je ne supporte pas les gens qui parlent en anglais au milieu d'une phrase en français ?

FIN DE L'IVT

(Interruption Volontaire de Texte)

- Je suis désolée, j'ai fait ça pour ma fille.
- Vous allez devoir vous excuser.
- Ah, vous allez me faire copier 100 fois « Je ne volerai pas le sac de Sofia » ?

...

- Je ne suis pas d'humeur à rire. Vous allez venir raconter devant TOUTE ma classe ce qui s'est passé, et faire des excuses publiques à Sofia.
- Mais... et ma fille ?
- Ce n'est pas mon problème. »

1er mars

J'ai fait un *mea culpa* devant 29 élèves de 6 ans.
Ma fille me fait la gueule.
Mon mari pense que je ne suis pas nette.
Mon chien me juge.
Je suis vraiment nulle.

3 mars

J'ai posé mon après-midi demain pour aller chercher les enfants à l'école, c'est une surprise !
J'me fais peur, tellement je suis une bonne mère.

5 mars

Hier, j'ai donc quitté le bureau vers 13 heures pour aller chercher les enfants à l'école à 16 h 30, heure de la sortie.

J'ai acheté deux pains au chocolat que je n'ai pas mangés sur le chemin de l'école (à chacun ses petites victoires).

Arrivée devant l'école à 16 h 25, j'ai pensé que j'étais vachement en avance et vachement la meilleure mère du monde puisque j'étais seule.

À 16 h 35, ne voyant personne sauf mon ombre, j'ai fini par sonner à la grille. La charmante gardienne de ~~la prison~~ l'école m'a demandé : « Vous êtes qui ? ».

J'ai gentiment répondu : « Je suis la maman de César et Ella ». Elle a pris un air dubitatif avant de rétorquer : « Ah, je ne vous ai jamais vue, d'habitude c'est la nounou, je me demandais même s'ils avaient une mère... on voit tellement de choses de nos jours. »

J'ai pâli. J'ai hésité entre lui mettre mon poing dans sa face ou pleurer.

J'ai opté pour une troisième voie en hurlant façon Dark Vador : « Bon, je SUIS LEUR MÈRE ».

Elle a fait : « Ah ».

J'ai repris « Donc, ils sortent quand ? Il est 16 h 40 maintenant. »

...

Elle a ri, la garce : « Mais enfin, Madame, la sortie c'était à 15 h 30... Vous n'êtes pas au courant de la réforme qui a été mise en place il y a... deux ans ? »

Mon cœur et ma dignité ont sursauté.

Ainsi donc, j'avais raté la sortie, raté ma surprise, raté la réforme.

C'est penaude que je suis repartie.

Et puis, tant qu'à faire, j'ai avalé les deux pains au chocolat.

En rentrant chez moi, j'ai trouvé mes deux grands avec la baby-sitter en train de rire et de jouer à cache-cache.

Je leur ai tout expliqué et au lieu de me consoler, ils ont ri et ajouté : « T'es vraiment, vraiment à l'ouest... Tu peux toujours aller chercher Luna à la crèche, hein ».

6 mars

J'ai décidé de faire un gâteau au yaourt avec les enfants. Les bonnes mères font ça, non ? Je les ai réveillés en leur survendant un moment de complicité entre eux et moi, des rires, des larmes de joie, des regards intenses, des souvenirs pour toujours, un saladier à lécher avec les doigts, une bonne odeur dans toute la maisonnée et même, la possibilité d'en apporter le lendemain à leurs maîtresses.
Avec leurs pyjamas à carreaux et leurs petits pieds nus, ils se sont aussitôt levés, ravis de ce moment qui allait être génial.
C'était sans compter que je n'avais ni yaourt, ni œufs, ni farine.
Oups, I did it again !

8 mars

C'est la Journée de la femme.
J'ai fanfaronné en disant ça aux gosses.
Mais Ella a juste dit : « Bah, t'es pas une femme, t'es une maman ».
#loose

13 mars

Au bout de la quatrième fois qu'Ella hurlait : « Mais elles sont où mes baskets roses ? », je n'ai pu réprimer un : « Dans ton cul ! ». Pardon.

15 mars

Mon père et ma mère ont décidé de prendre Luna à dormir pour ma survie et celle de mon couple. Nan, parce que le manque de sommeil, c'est vraiment trop affreux, la pire des tortures du monde, non ?

Je jouissais presque de la perspective de cette nuit de sommeil continu (oui, oui je sais c'est pas chic de parler comme ça, mais bon on est entre nous, toi et moi là, non ?).

Adrien et moi avons couché César et Ella vers 21h, avons pris un bain ensemble... « *Get up, get up, get up, get up, let's make love tonight...* »

À 21 h 03, Ella a crié qu'elle avait envie de vomir. J'ai répondu : « Vas-y, fais-toi plaisir, vomis, on est occupé, ton père et moi ».

À 21 h 04, après 1 minute de répit, elle a hurlé (bis) : « Ahhhhh, vous faites l'amour avec Papa !!? ».

S'en est suivi un rire étouffé de César.

...

Puis, à 21 h 06, ma mère a sonné à la porte avec Luna dans les bras. Je suis allée lui ouvrir en peignoir : « Tiens, reprends-la, je suis désolée mais elle est insupportable, on ne tient plus. Mais qu'est ce que tu fais en peignoir ? Où est Adrien ? C'est quoi cette odeur de vomi ? »

En lieu et place de ma soirée *Love&Sex* avec mon mari, j'ai épongé le vomi d'Ella, passé 3 h 12 à endormir Luna et bâillonné César. Alors que, bon... c'est moi qui aurais aimé être bâillonnée... mais je m'égare.

Note pour plus tard : en devenant mère, oublie ta sexualité débordante.
« *Wake up, wake up, wake up...* »

17 mars

Cher Journal,
Je ne sais pas comment font les autres parents, mais il faut bien que je te le dise à toi : je déteste (le mot est faible) jouer avec mes enfants. Quand on n'avait que César, ça passait encore de faire des jeux de Kapla et d'agilité. Mais bon, avec trois enfants, le côté famille formidable qui se met autour de la table pour jouer au Monopoly, non, franchement, je ne peux pas.

Ça ne m'amuse pas, je n'y peux rien ! Est-ce qu'on peut contrôler ça ? Non.

J'ai pourtant bien essayé, mais à chaque fois, c'est plus fort que moi, je triche pour gagner. Du coup, ça les énerve et ça finit en larmes. Alors, aujourd'hui, j'ai décidé de prendre sur moi et de ne pas tricher au Scrabble Junior.

Je n'ai pas triché (promis, juré), j'ai laissé sa chance à mes enfants. Pourtant, j'ai encore gagné. C'est de ma faute, à moi, si je suis plus intelligente qu'eux ?

18 mars

Je retire ce que j'ai écrit hier, je ne suis pas plus intelligente que mes enfants de 11 et 6 ans (Luna ne compte pas, son cerveau n'est pas fini encore). Je suis NETTEMENT PLUS INTELLIGENTE.
Est-ce que c'est difficile à vivre cette suprématie de mon intelligence sur eux ? Non, ça va.

19 mars

Ah, évidemment, je suis plus intelligente qu'Adrien aussi. Ça va sans dire.

20 mars

Et aussi plus intelligente que tout le monde.
Je sais, c'est fou, mais c'est vrai.

21 mars

Ce matin, je traînais à la maison avant d'aller à un rendez-vous de boulot et après avoir déposé les enfants à l'école/crèche.

Est-ce de ma faute si je suis tombée par hasard nez à nez avec le journal intime de César ? Est-ce de ma faute s'il était en évidence sous une pile de chaussettes dans son placard ? Non, évidemment pas.

Est-ce de ma faute si j'ai appris à lire et que je l'ai lu ? Non, évidemment pas (c'est de la faute de Charlemagne, ça, avec ses idées folles d'inventer l'école.)

Est-ce de ma faute si, après avoir lu trois pages, j'ai continué parce que je suis une fille curieuse et que c'est, indéniablement, une qualité essentielle ? Non, je ne crois pas.

23 mars

« Maaaaaaaaamaaaaaaaan ! », a hurlé César vers 20 heures ce 23 mars.
Telle Samantha dans *Ma Sorcière Bien aimée*, j'ai répondu l'air guilleret : « Ouaaaaaisssss kèssekispasse ? »

Il a déboulé dans ma chambre alors que j'étais en train de lire. À sa mine, j'ai compris qu'il savait.

« Maman, tu as lu mon journal intime. »

Me souvenant de mes cours de théâtre de CM2, j'ai pris un ton affirmé et, telle Sarah Bernhardt, j'ai rétorqué : « Ton... ton... ton quoi ? ». Faut croire que j'avais pas pris assez de leçons de théâtre, parce que ça n'a pas du tout convaincu le public composé de mon fils. Alors... J'ai laissé mon gosse de 11 ans me sermonner en baissant les yeux comme un poisson pris dans un filet, et j'ai fini par avouer.
(Je n'ai jamais vu de poisson avoir l'air coupable de quoi que ce soit, soit dit en passant.)

Il a clos le sermon d'un : « Tu parles d'une mère parfaite... t'es nulle, nulle, nulle ».

Sur ce, mon mari est rentré à la maison, a demandé le comment du pourquoi et lorsque

...

César lui a exposé les faits, tel un avocat à la Cour Pénale, Adrien a juste soufflé un : « T'es incorrigible, vraiment ».

24 mars

Je m'en veux tellement d'avoir lu son journal intime que j'entame une grève de la faim.
AH AH AH AH ! Je plaisantais, t'as vraiment cru que j'allais arrêter de manger ?
Faut pas déconner, hein.

25 mars

Je soupçonne César de vouloir se venger en lisant MON journal intime c'est-à-dire... TOI !
Qu'il aille au diable, ce gosse, je te cache si bien que PERSONNE ne te trouvera.
Perso-o-o-o-o-o-onne (l'effet écho à l'écrit, c'est pas encore au point).

26 mars

À la radio, ils ont passé cette chanson : « *J'ai découvert qui je suis, tout a changé le jour où je t'ai donné la vie, et si jamais le monde t'est trop cruel, je serai là... toujours pour toi* ».

Avant d'avoir des enfants, je versais ma larme d'émotion lorsque je l'entendais.

Maintenant, non, je ris. J'ai découvert qui je suis, oui... une mère indigne !

27 mars

Elle n'est pas un peu con-con cette berceuse *Fais dodo, Colas mon petit frère* ? Comment tu veux que Luna s'endorme après ça ?

Hier soir, j'ai tenté une technique différente : je lui ai mis du rap, NTM, à fond au moment du coucher.

Bah, tu sais quoi ? Ça a marché ! Elle a dormi TOUTE LA FUCKING NIGHT !

Je suis la reine mère, je suis la meilleure, je suis la championnnnnnnnnne (avec la voix de Joey Starr).

28 mars

Je voudrais te dire à toi, journal innocent, que les magazines féminins se foutent de nous, les « vraies » femmes. Je t'en foutrais moi du : « Le matin je me réveille, mon premier geste, c'est de boire un jus de citron tiède ! » ou du : « Mes enfants, c'est ma vie, je suis si épanouie avec eux que j'ai arrêté de bosser pour me consacrer à leur éducation. Ça tombe bien, mon mari est milliardaire ! » ou encore : « Mon secret minceur : je cours après mes enfants ! ».
Foutaises. FOUTAISES.

Les vraies femmes, les vraies mamans, leur premier geste du matin, déjà, ce n'est pas le matin, c'est à 2 heures puis 4 puis 6 h 12... Et tu sais quoi ? Ce n'est certainement pas de presser un citron bio pour le boire en position de lotus. Non, c'est de changer la couche pleine de caca de leur bébé, de rassurer un enfant après un cauchemar ou de hurler : « On est en retard, grouillez-vouuuuuus les mômes ! ».

Les vraies mamans, leur rêve, c'est de mettre leurs enfants à l'école un maximum pour pouvoir s'aérer l'esprit au boulot où elles sont payées 1 453 euros net.

...

Ah, et puis moi, depuis que j'ai des enfants, je cours après eux, certes, MAIS je mange leurs gâteaux, je dîne trois fois le soir, je finis les restes si le chien n'est pas dans son assiette et je suis devenue Nutella *addict*.
Ah, et mon mari n'est pas milliardaire ! Non, mais, oh... pour qui on nous prend ?!

29 mars

Suite à ce que je t'ai écrit hier sur les magazines féminins, j'ai eu la brillante idée de cette auto-interview façon magazine féminin. Oh, des fois je me réjouis d'être si intelligente.

Sophie, vous êtes quel genre de femme ?
- *Une femme simple, aimante. Les gens m'adorent. Vraiment.*
Votre geste beauté ?
- *Aucun, je suis si belle au naturel que je ne me maquille jamais. Et puis... je n'ai pas le temps !*
Vos enfants, qu'en diriez-vous ?
- *Ils sont formidables. Évidemment. César parle cinq langues, va faire un one-man-show à Broadway et joue divinement bien au tennis. Ella est si belle que Hollywood la réclame, mais son truc c'est l'école, elle a sauté non pas une, non pas deux mais trois classes ! Quant à Luna, l'amour de ma vie, elle a fait ses nuits à trois jours et elle est capable, à 21 mois, de citer Kant entre deux pipis aux toilettes puisque, évidemment, elle est propre depuis ses 13 mois.*
Votre mari ?
- *Chéri, vous voulez dire ? Oh, Chéri est si merveilleux que je réalise mon bonheur à chaque instant.*

...

Votre secret minceur ?

- Je suis née bien foutue, c'est de famille, je n'y peux rien (rires). J'en parlais encore avec Gisele Bündchen la semaine dernière (on a le même coiffeur) : quand la vie te fait ce cadeau, saisis-le ! Du coup, pas de sport et plus de temps pour lire. Je lis un livre par jour, c'est formidable !

30 mars

Une semaine est passée depuis que j'ai lu le journal intime de César, sans son autorisation mais-bon-quoi-je-suis-sa-mère-bordel !

En même temps, il ne m'aurait jamais autorisé à le lire, donc je n'avais guère le choix.

Il faut que je te dise ce que j'y ai appris. Plus on est de fous, plus on rit.

J'y ai appris que :
- il a une amoureuse depuis 2 ans ;
- il a déjà chipé 2 euros dans mon porte-monnaie (ah bah voilà, les chats ne font pas des chiens) ;
- il se demande si je ne suis pas folle (genre, mais vraiment) ;
- il envisage de faire une fugue vers 14 ans et demi (tant de précisions...) ;
- il préfère sa sœur Luna à sa sœur Ella (le salaud) ;
- c'est lui qui a cassé le vase chinois que j'avais hérité de ma grand-mère alors que le chien a été accusé.

1er avril

Les traditions c'est important, il ne faut pas y déroger. La dinde à Noël, le chocolat à Pâques et le poisson le 1er avril.

Aujourd'hui, j'ai fait croire aux enfants que j'étais enceinte.

Ils y ont cru, les idiots.

Le soir, j'ai dit : « Poisson d'avriiiiiiiil ! ». Je ne sais pas pourquoi, ça ne les a pas fait rire du tout.

Mon mari dit que je devrais prendre un psy.

Mon psy me dit que je devrais prendre un amant.

Mon chien me dit que je devrais prendre un chat.

Moi, je suis bien comme ça.

4 avril

Je suis tellement fatiguée de mes nuits pourries (le rap ne marche plus, les berceuses ne marchent jamais et les boules quiès ne rentrent pas dans mes oreilles) que j'envisage d'abandonner mon mari et mes gosses pour fuir au Panama et refaire ma vie sous une identité différente. Dans les films, ça marche, alors pourquoi pas moi ?

Mais attention, je ferai les choses bien, je laisserai une lettre en expliquant mes motivations, je suis pas une salope, moi.

5 avril

Plus j'y pense, plus cette histoire de Panama me paraît formidable. Bien sûr, il faudra que je parte avec de l'argent et quelques contacts là-bas.
Oui, mes enfants me manqueront mais, après tout, je suis un mammifère ! Y'en a bien qui mangent leurs petits, alors bon... c'est jouable !

6 avril

Non, le Panama en fait, ça sent le roussi.

8 avril

Du coup, je vais manger mes enfants puisque je suis un mammifère. Pour Luna, pas de problème, elle est encore petite et j'ai une grande bouche (même si je n'ai pas les grandes dents de ma collègue India).

Pour Ella et César, en revanche, ça va être plus compliqué. Je pourrais faire ça petit bout par petit bout, peut-être ? Oui, mais ils risquent de se débattre. Wow, wow, wow... Ça ne va pas être si simple de manger mes gosses. Remarque, ils ont déjà été dans mon ventre donc y'a pas de raison que ça marche pas dans le sens inverse, si ?
Bon... il est tard, j'écris n'importe quoi, on en reparle demain.

9 avril

Puisque je ne peux ni aller au Panama, ni manger mes enfants, je vais devoir tenir ce rôle de mère encore quelque temps. À moins que... à moins que je leur dise que je ne suis pas leur mère. Ça m'évitera de me les coller encore des années et puis, surtout, ça m'évitera de relever ce challenge impossible de vouloir devenir une mère parfaite.

11 avril

Profitant de l'absence de leur père (quoique, si je ne suis pas leur mère, est-il leur père… ?), j'ai convoqué une AGNKOTB (Assemblée Générale des New Kids On The Block).
« Voilà les enfants, parce que vous êtes bien des enfants même si vous n'êtes pas mes enfants, voilà… Je ne suis pas votre mère. Il fallait que je vous le dise. Il est temps maintenant pour vous de quitter la maison et de retrouver votre maman. Allez-y… Ne soyez pas tristes, surtout. Il vaut mieux vivre avec des regrets… non, il vaut mieux vivre avec des remords… non des regrets… non des remords. Bref, je ne sais plus si c'est des regrets ou des remords. Quoi qu'il en soit, soyez heureux. »

Je m'attendais à des larmes, à des cris, à des « Noooooon !!! ». Au lieu de ça, César a dit à Ella : « Tu vois bien, je te l'avais dit… C'était impossible que cette folle soit notre mère ! » et Ella a répondu : « Mais oui, tu avais raison, comment j'ai pu me laisser avoir ». Et César de reprendre : « On va enfin retrouver notre vraie maman maintenant qu'on est débarrassés d'elle ». Puis Luna a dit : « Ouf ».

Bande de petits cons.

12 avril

J'ai dû leur avouer que si, j'étais bel et bien leur mère.
Ella a osé un : « Ah, trop nul ».

13 avril

J'ai lu sur Internet l'histoire d'une maman qui a mis ses enfants en vente sur Amazon.
Pas bête.

14 avril

Alors, pour rire, j'ai mis une annonce sur Le Bon Coin pour vendre mes enfants. Un pour 1 200 euros, deux pour 2 300 euros et trois pour 3 000 euros.

J'ai eu 45 réponses en 6 minutes. J'ai démantelé un trafic de vente d'enfants, quoi.

Je mérite la Légion d'honneur.

Non, l'ordre national du Mérite et un enterrement au Panthéon.

Et le prix Nobel.

15 avril

On a regardé *E.T.* J'ai pleuré. César a dit : « Oh, mais Maman, tu as donc des sentiments ? ».

Gnagnagna, oui j'ai un cœur, bordel.
On a tous fini en larmes, même le chien. J'avoue que ces moments en famille ne me laissent pas indifférente.

18 avril

Aujourd'hui, nous sommes allés au parc. J'ai joué au ballon avec mes enfants, j'ai construit un château de sable avec Luna, nous avons ri avec Adrien, nous nous sommes roulés dans l'herbe et j'ai même aimé manger un Mon Chéri.

Promis, ce tableau idyllique est vrai. Je suis sur la bonne voie.

19 avril

Je déconnais hier, j'ai mes limites : je déteste les Mon Chéri.

20 avril

Aujourd'hui, il restait un fond de Nutella et je l'ai laissé à mes enfants.
APPLAUSE. APPLAUSE. APPLAUSE. APPLAUSE.

22 avril

J'ai compté le nombre de fois où les enfants m'appelaient en une journée (je sais m'amuser, moi).

42 fois. 42 FOIS BORDEL.

42 « Mamaaaaaaaaaaaaaaan ».

C'est au moins 40 fois de trop.

23 avril

J'ai compté le nombre de fois où les enfants appelaient leur père.

4 fois.

Non, rien.

25 avril

Ce matin, au réveil, H avait mangé M. Enfin, je crois, je ne suis pas experte, je ne sais pas qui est H et qui est M… Mais ce qui est sûr, c'est que l'un des poissons rouges avait décapité l'autre. La dure réalité du monde animal.

Comme je suis une très bonne mère en devenir, j'ai décidé de ne rien dire aux enfants pour ne pas leur faire de la peine. J'ai pris le corps sans tête de H ou M et je l'ai « enterré » aux toilettes.

Une fois les enfants à l'école, je suis allée « pêcher » un nouveau poisson rouge à la boutique. Il n'y a rien qui ressemble plus à un poisson rouge qu'un autre poisson rouge, si ?

C'était sans compter que j'avais oublié de tirer la chasse d'eau.

Ella a hurlé de peur.

Et moi, sans me dégonfler, j'ai fait mine de réfléchir : « Je ne comprends pas, je ne comprends pas… c'est bizarre tout de même… H&M sont pourtant bel et bien dans leur bocal… à qui appartient donc ce corps de poisson qui flotte dans nos chiottes ? »… Je crois bien que j'ai atteint le sommet du foutage de gueule.

26 avril

Et si je démissionnais pour m'occuper de mes enfants ?
Je pose ça là, comme ça.

27 avril

Excuse-moi j'avais trop bu hier soir (un fond de grenadine, on fait c'qu'on peut). JAMAIS je ne démissionnerai pour m'occuper de mes enfants. J'ai mes limites.

28 avril

Il y a six lettres dans le mot ENFANT.
Il y a six lettres dans le mot CHIANT.
Coïncidence ? Non, je ne crois pas.

29 avril

Ma mère et mon père veulent emmener les enfants au concert de Kendji. Nan, mais, allô quoi !
Ma mère qui me dit : « Bah, quoi, Sophie, tu connais pas Kendji, t'es pas à la page... » !
Non mais, Maman, t'utilises encore l'expression « T'es pas à la page », trop nul.
En fait, mes enfants m'énervent, mais alors mes parents... c'est pire ! Des enfants puissance 78.
Y'a pas à dire, la vie de famille, c'est pas mon truc.

30 avril

Moi : « Allô Docteur, je peux passer vous voir, c'est urgent, ma petite Luna a 40 °C de fièvre ? »

Le Docteur : « Passez tout de suite, je vous attends ».

Une fois dans son cabinet, le sexy pédiatre a mis sa main (MMmmmmmmm, sa main) sur le front de Luna : « Curieux, elle n'a pas de fièvre. Quels sont les symptômes ? ».

J'ai rougi : « Ah bah, ça, c'est curieux… Les symptômes, docteur, c'est une folle envie de vous voir, le cœur qui palpite, le corps qu'on ne maîtrise plus… »

Le sexy pédiatre a pris un air inquiet : « Madame, votre fille n'est pas du tout malade, je crois que vous vous égarez. À bientôt. »

Est-ce que c'est de ma faute, à moi, si le pédiatre est le sosie de Bradley Cooper et que j'ai bien envie qu'il me soigne, MOI ?

Je suis incorrigible.

1er mai

Avant, quand je n'avais pas d'enfants, je kiffais le mois de mai avec ses ponts, ses week-ends à rallonge, ses jours de RTT posés ici et là.

Maintenant, je ne désire qu'une chose : que les jours fériés tombent les week-ends pour que je ne me coltine pas mes trois gosses encore plus souvent.

Bah, quoi ? Je suis honnête, MOI !

3 mai

J'ai oublié l'anniversaire de Luna.
BON.
BON.
BON.

Attends, mais moi, j'ai trois enfants, bordel, comment pourrais-je vraiment me souvenir de leurs trois dates de naissance ? Déjà que je me souviens à peine de leurs prénoms...

5 mai

Aujourd'hui, César est venu nous trouver avec une revendication à la con :
« Papa, Maman, je voudrais vous dire ma rage. Ella a un prénom qui est le titre d'une chanson *Ella, elle l'a*. Luna a son prénom dans la chanson *Hijo de la luna*. Et moi, rien, je ne suis dans aucune chanson. Alors voilà, je vous le demande : pourquoi ? »

Adrien et moi n'avons pu réprimer un fou rire face à cette revendication idiote (non, parce que, quitte à avoir des revendications, autant qu'elles soient cool). Mais comme César avait l'air tout ce qu'il y a de plus sérieux, j'ai juste dit que mieux qu'une chanson, il y avait un film avec son prénom, *César et Rosalie*, et puis qu'il y avait surtout un empereur qui s'appelait César, alors qu'Ella et Luna n'étaient pas des prénoms d'empereurs.

« Non. Je veux changer de prénom. J'ai le droit de choisir ma vie après tout, vous êtes qui pour décider de mon prénom. Je suis grand et je veux un prénom-chanson ! »

Sans perdre mon légendaire humour (prends garde, Jean-Marie Bigard !), j'ai proposé :
- Laurette (Michel Delpech)
- Aïcha (Khaled)

...

- Lætitia (Gainsbourg)
- Ève (Lève-toi)

« Non je veux m'appeler Diego ! » (Libre dans sa tête).

6 mai

COUR SUPRÊME PARENTALE

Attendu que l'enfant César, 11 ans, est le fils de Sophie et Adrien. Attendu qu'un nourrisson à la naissance doit se voir donner un prénom par la loi.

Attendu que le choix du prénom s'est posé sur CÉSAR alors que l'enfant n'avait que deux jours. Attendu que c'est de cette façon que l'enfant est ainsi nommé depuis. Attendu que pour changer de prénom, il faut avoir atteint la majorité fixée à 18 ans et avancer des arguments forts d'inconfort de vie liés au prénom que l'on porte.

Attendu que l'enfant César a 11 ans et a pour unique argument l'envie d'avoir une chanson à son prénom, la Cour Parentale composée de Sophie et Adrien rejette la demande.

7 mai

Donc, l'autre, sous prétexte qu'il veut s'appeler Diego, il ne répond plus quand je l'appelle. Ce matin : « Césarrrrrrrrr, Césarrrrrrrrr, viens, on part à l'école ! »

Le gosse n'est pas venu, Adrien a dû aller le chercher dans sa chambre où il regardait le plafond sans rien faire avec un jogging trop grand (César serait-il en passe de devenir un ado ? Oh mon Dieu, non... je ne suis pas prête !).

Adrien lui a ordonné de venir : « César tu viens, oh hé, hein, bon ». Le gosse n'a pas bougé.
Au bout de 4 minutes (c'est long 4 minutes quand tu es pressé le matin), il a répondu : « Je ne m'appelle pas César. Si tu veux que je vienne, demande-le moi en utilisant Diego comme prénom ».

Adrien étant sous pression, il a répondu à l'exigence du pré-ado. Et César/Diego est venu.

#maisondedingues

9 mai

Je me suis proposée pour être maman accompagnatrice à la sortie « Musée » de la classe d'Ella (« *Ella, Ella, Ella, Ella, Ouh ouh ouh ouh ouh ouh, ce je-ne-sais-quoi, Ella, ouh ouh ouh* »).
La gosse était tellement fière que je puisse être là !

Voilà, c'est tout. La sortie au musée s'est bien passée.
Rien à signaler.
Je gère parfaitement.

9 mai (bis)

Bon, OK, j'ai perdu de vue Gabriel, le petit camarade de classe de ma fille dans le métro. Mais c'est de sa faute, à ce crétin. A-t-on idée de ne pas suivre le groupe, hein ?
Crétin de Gabriel.

10 mai

Je t'ai déjà parlé de ma belle-mère Brigitte ? On ne se supporte pas trop. Elle se prend pour Brigitte Bardot alors que, de toute évidence, elle n'a de commun avec BB que le prénom.

Elle ne supporte pas que son fils Adrien soit avec moi. Elle lui avait choisi une femme plus… « sage », mais le petit a pris son envol et m'a imposée. Un point pour moi.

Brigitte est addict à la chirurgie esthétique. Je crois qu'elle a un forfait NO LIMIT chez le docteur. Elle finit par ressembler aux poissons H&M avec sa bouche en avant.

Alors, pour rigoler, j'ai fait croire aux enfants qu'elle se transformait en poisson avec l'âge.

Ça n'a pas loupé, lors du déjeuner dominical et familial, Ella lui a demandé : « Mamie, c'est vrai qu'avec ta grosse bouche tu es en train de devenir un poisson ? ». J'ai ri.

Incorrigible je suis, incorrigible je resterai.

11 mai

Cher journal, demain nous partons en week-end en Bretagne.
À très vite.

15 mai

Le week-end en Bretagne ?
Super. Génial. Formidable.
Y'a pas à dire, les séjours en famille, ça resserre les liens.

Nan, j'déconne. Il a plu, Adrien a eu plein de boulot et est resté scotché à son portable, Ella a vomi tout le séjour, notamment dans la voiture de fonction de son père, César a fait la gueule (il ne se remet toujours pas de l'histoire de son journal intime), Luna a hurlé pendant le trajet et le chien a trouvé que la Normandie « ça aurait été plus cool ».

Parfois (souvent, beaucoup, fréquemment, TOUS LES JOURS), je me demande pourquoi, à un moment de ma vie, j'ai eu envie de me reproduire. On était si bien seuls, avec Adrien.

16 mai

Si je regrette d'avoir écrit ce que j'ai écrit hier ? Oui, je rectifie : on était si bien seuls, avec Adrien et le chien.

18 mai

Je n'avais plus de crème de jour et, à mon âge, c'est important de nourrir sa peau comme dirait ma (donc) amie, Gisele Bündchen.

J'ai pris le liniment pour les fesses de Luna. Qui n'a jamais eu le visage qui sent le cul, ne peut pas savoir ce que ce 18 mai représente pour moi.

Amen.

19 mai

Oui, oui je plaide coupable, je donne des conserves (périmées) à mes enfants, parfois (souvent).

20 mai

Ella m'a demandé si les hommes préhistoriques c'était avant Adam et Ève.

Ça reste entre nous, hein, mon journal chéri, que je ne connais pas la réponse. Question à la con aussi.

Alors... j'ai dit que tout ça n'avait jamais existé. Ni Adam, ni Ève, ni le serpent, ni les hommes préhistoriques : « Tu vois, c'est comme les licornes, ça n'existe pas. C'est des inventions tout ça ».

Elle a réfléchi, s'est gratté la tête et a dit (attention mignonnerie en route) : « Mais maman, Dieu, il existe, lui ? ».

21 mai

J'avais des doutes, mais là, j'en suis sûre : César est un ado.

Déjà, il ne lâche pas son projet de se faire appeler Diego, ensuite il ne range PLUS sa chambre, ENFIN il n'a pas pris de douche depuis trois jours et ça ne le dérange pas du tout.
On est foutu. FOU-TU.
Moi, je ne PEUX PAS avoir un ado chez moi puisque je suis moi-même encore en période d'adolescence aiguë (OK bon ça dure depuis 18 ans, et alors ?). Ce sera lui ou moi, y'a pas de place pour deux ados ici et dans cette lutte je gagnerai. Mouah ha ha ha !

22 mai

César/Diego m'a fait un câlin ce matin quand il était encore tout chaud dans le cou.

De deux choses l'une : soit il est encore un enfant mignon et ça me fait craquer, SOIT il est un ado malin et essaie de m'attendrir.

Ah, et puis après quatre jours sans douche, ça commence à puer, un enfant !

23 mai

Tu la connais la période où la fin de l'année arrive à vitesse grand V et où, de parent normal, tu deviens un « parent supersollicité » ? Bourse aux livres/Olympiades/Sorties ciné/Visite à la ferme/Kermesse/Cadeau pour la maîtresse/Cadeau pour la directrice. Et j'en passe...

Que veux-tu que je te dise mon enfant : NON, je n'ai pas du tout envie de tenir le stand de pêche à la ligne à la kermesse du 19 juin. Pourquoi, me demandes-tu ? Mais, enfin, ça me paraît évident : c'est juste la loose.

Ah, mais non, non, je ne veux pas NON PLUS tenir le stand de lancer de poids aux Olympiades. Pour la même raison. J'ai une gueule à être arbitre de stand de poids lourds ?

...

Ah, la maman de Louise le fait, ELLE ? Ah, et tu crois qu'elle aime plus sa fille que je ne t'aime parce qu'elle joue à la mère parfaite en animant ce stand ? Tu as tort. La maman de Louise déteste faire ça, elle me l'a dit, mais elle pense qu'elle va se faire remarquer du papa de Victor et comme elle le trouve beau gosse... Comment ça les histoires de grands ne te concernent pas ? Mais si, mais si, elles te concernent. Tu dois connaître les tenants et les aboutissants de toute cette histoire. Si, si, j'insiste. Moi tu vois, j'aime ton père, alors le papa de Victor... Bon, OK, il est sexy mais de là à tenir le stand de poids lourds aux Olympiades... Non merci !

SUJET CLOS.

25 mai

Bon, j'ai cédé, que veux-tu, je suis faible et, surtout, je suis une mère indigne sur le déclin.

J'ai tout de même refusé ce stand de la loose aux Olympiades mais j'ai promis de m'occuper du cadeau des maîtresses... et j'ai également juré de faire trois gâteaux au chocolat pour la kermesse qui a lieu le 19 juin.

26 mai

Je dois avouer un truc horrible : depuis que j'ai mis bas à trois enfants, j'ai 8 kg de trop. Chaque lundi matin, depuis 10 ans, je me mets au régime. Et chaque lundi soir, le régime est terminé.

Nous sommes le 26 mai et l'été s'avance vers moi à pas de loup. Ouh. Ouh.

Je regarde mes enfants manger ce qu'ils veulent sans prendre un fucking gramme et je les hais.

Je regarde mes enfants manger sans prendre un fucking gramme et je me dis à moi-même que c'en est trop.

Je regarde mes enfants manger sans prendre un fucking gramme et je mijote une vengeance dans ma tête.

Demain, je mets mon plan à exécution.

27 mai

Profitant d'une matinée chez moi, toute seule, à faire semblant de télé-travailler (chut ! mon boss y croit, l'idiot), j'ai sorti des placards tous les gâteaux, bonbons, fromages qui font semblant d'en être (Kiri, Babibel, Kidiboo).
J'ai remplacé le tout par des produits 0 %, des trucs sans gluten, sans goût, sans saveur. À 16 h 30 (j'avais prolongé ma matinée télé-travail en journée télé-travail, mon boss a plongé), les enfants sont rentrés.

Décomposée, la tête de César. Ha.
Décomposée, la tête d'Ella. Ha bis.
Décomposée, la tête de Luna. Ha bis bis.

« Maman qu'est ce que c'est encore que ce coup ? a entonné le CEM (Collectif des Enfants Mécontents).
- Quoi ? a répondu la mère coupable.
- Bah, ils sont où les gâteaux, les bonbons ? a poursuivi le CEM en bande organisée.
- Y'a plus. Je m'inspire de Gwyneth Paltrow et je dis NON à la société de consommation, a poursuivi la mère macrobio.
- Céki « Gouinète ? », a demandé Luna.
- Une actrice qui a appelé sa fille Apple tellement qu'elle est bio. Je fais comme elle, je vais vous rebaptiser avec des noms de

...

fruits. Ça vous va Poire, Cerise et Groseille ? a continué la mère salade de fruits.
- M'en fiche moi, je m'appelle Diego. On ne peut pas changer de prénom deux fois en si peu de temps. Ils sont où les gâteaux ?
- On mange des graines, désormais, et on fait gaffe à son corps. Tu es ce que tu manges, tu es ce que tu manges, tu es ce que tu manges, tu es ce que tu manges ! », a entonné la mère oiseau, tel un gourou.

Ella, la maligne, a mis fin à cette conversation en déclarant qu'elle avait 4,20 euros dans sa tirelire que la Petite Souris lui avait laissés sous son oreiller, et qu'elle irait s'acheter ses propres gâteaux. L'idée a plu à César qui, avec ses 33 euros, avait de quoi se ravitailler cinq jours durant.

Du coup, j'ai bouffé mes graines toute seule en envoyant un poke à Gwyneth sur Facebook.

À 20 heures, prise d'une faim furieuse, j'ai commandé une pizza double cheese-triple saucisse-quadruple graisses sous les yeux affligés d'Adrien.

28 mai

Le vétérinaire m'a envoyé une lettre de relance pour les vaccins de Médor. Je ne sais pas ce qui s'est passé dans mon cerveau, mais j'ai tout confondu et j'ai pris rendez-vous chez le pédiatre pour les vaccins des enfants.

Alors, évidemment, quand, une fois chez le (beau) pédiatre j'ai tendu la lettre de rappel des vaccins du chien, il a fait la moue (le pédiatre, pas le chien) : « Madame, c'est le rappel des vaccins du chien qu'il faut faire, pas des enfants ». Voulant faire de l'humour, comme une sombre idiote, j'ai répondu « Oh bah, c'est pareil non ? Quoique non, j'aime mieux mon chien ».
Il y a eu un blanc.
Puis, un rire forcé de ma part (façon Jean Dujardin dans OSS 117. MOUAH HAHAHAHA-HAHAHAH)
Puis, un blanc.
Puis, je me suis enfuie (en oubliant mes enfants, sinon hein, je trahis ma réputation).

29 mai

Ella a perdu une nouvelle dent hier soir et j'ai oublié de faire passer la Petite Souris cette nuit.
Elle a fait un tel scandale que j'ai dû lui avouer que La Petite Souris n'existait pas.
« OK, alors qui m'a oublié cette nuit, si ce n'est pas elle ? », a demandé sournoisement l'enfant.
« Ton père », ai-je répondu avec malice.

Moi : 1 point / Adrien : 0 point

30 mai

Je me rends compte que je n'arrive absolument pas à tenir mon challenge de mère indigne. Enfin… de mère qui veut plus être indigne plutôt. Je suis irrécupérable.
« Ce n'est pas une fatalité », me murmure le chien.

2 juin

Le chien, inspiré, m'a montré un site genre Alcooliques Anonymes mais pour mères indignes. Pas con ce chien.

3 juin

Après avoir hésité, j'ai téléphoné au numéro vert gratuit à 5 euros la minute pour avoir des infos sur les Mères Indignes Anonymes. Une petite voix m'a répondu que plein de mamans dans cette situation ont recours à ce cercle anonyme pour s'en sortir. Ella a ajouté : « Toute mère est récupérable. L'important, c'est de le vouloir ».

OK, elle m'a convaincue. J'y vais demain.

4 juin

Une salle au rez-de-chaussée d'un immeuble haussmannien.

Je rentre par la porte (ah non, sans blague, j'aurais dû rentrer par le toit). Là, onze femmes, a priori toutes des nanas chouettes. On se sourit. On est visiblement là pour la même chose. « Vous êtes là pour le... pour la... pour les mères indignes ? », je demande à l'une d'entre elles. Elle baisse les yeux et répond timidement « oui ».

Puis, arrive une femme qui marche d'un pas vachement plus assuré que nous autres. La soixantaine, une voix rauque. « Bonjour, moi c'est Michèle ».
Et nous de répondre « Bonjour, Michèle ». Elle reprend : « Si vous êtes là, c'est que vous êtes des mères indignes. Rien d'irrémédiable. J'en ai vu d'autres avant vous, j'en verrai d'autres après vous. On a 21 jours pour s'en sortir les filles. OK ? »
Personne ne répond.

« OK, les filles. Répondez-moi, je veux entendre vos voix. Allez, dites "OK MICHÈLE !" ».
Le groupuscule de 12 mamans indignes répond en chœur : « OK MICHÈLE ! » façon *Full Metal Jacket. YES SIR.*

...

Michèle s'approche de moi : « Dis-moi, on n'entend pas ta voix, ma mignonne. Dis-le que tu vas y arriver ! ». Alors j'ai crié : « YES MICHÈLE ! ».

On se revoit demain.

5 juin

Après le boulot, j'ai retrouvé mon groupe de mères indignes anonymes.
On a dû, une à une, se présenter. « Bonjour, Sophie, 34 ans, trois enfants, un mari, un chien, un job dans la pub. Voilà, je ne supporte pas trop mes enfants. Je les aime, hein, mais bon... ils me gavent.
- BONJOUR SOPHIE ! »

Michèle, la coach, nous demande de noter tout ce qui nous semble indigne au jour le jour dans notre comportement.

Elle préconise aussi de tourner notre langue sept fois dans notre bouche avant de dire une connerie. Moi, je dis que cette règle devrait s'appliquer à tous de façon générale. Oui, oui, j'ai des idées fabuleuses, ça me prend comme ça, je sais pas, je n'y peux rien, je suis géniale !

CONVENTION ANNUELLE
DES MÈRES INDIGNES ANONYMES
JE VEUX ME PROUVER QUE JE SUIS CAPABLE DE DEVENIR UNE MAMAN PARFAITE !
TOUS ENSEMBLE !
Pour une refonte
de l'indignité maternelle

6 juin

Michèle dit que 21 jours c'est le délai idéal pour changer. Pour arrêter de fumer par exemple, pour maigrir. Tu crois que pour arrêter d'être con aussi il faut 21 jours ? Non, ce serait trop facile.

7 juin

OK, cette formation me gave déjà.

8 juin

Le 10, on fait une fête à la maison pour les 12 ans de César. Une sorte de boum sous haute surveillance de moi-même, évidemment. Il ne s'agirait pas que je me retrouve grand-mère à la fin de la soirée

Je déconne. JE DÉCONNE.

9 juin

« Je veux me prouver que je suis capable de devenir une maman parfaite. Je vais faire une fête parfaite pour mon fils parfait demain. ». Voilà ce que j'ai dit publiquement (haut et fort) à mes 11 partenaires de sevrage d'indignité et à Michèle.

10 juin

Je ne sais pas ce qui a merdé, mais ça a merdé. J'avais tout organisé pour que la fête des 12 ans de mon fils soit magique et parfaite. J'avais booké un magicien, une fée, mis en place une pêche à la ligne, préparé une playlist avec des chansons pour enfants comme Chantal Goya, fait faire un gâteau en forme de bateau de pirate avec écrit « César » dessus, fabriqué des petits goodies pour chacun de ses camarades…

Quand César s'est rendu compte de tout ça, il a demandé à son père : « C'est quoi ce délire ? » Adrien a baissé le regard d'un air coupable.
Je ne voyais pas le problème.

« OK, je repose la question Maman : c'est quoi ce délire ? Il est où le DJ ? C'est qui cette fée ? C'est quoi ce magicien ? C'est pour qui la pêche à la ligne, là ? »

J'ai souri tendrement : « Mais c'est pour toi, mon amour, pour ton anniversaire ! »

Je ne sais pas pourquoi, ça n'a pas eu l'air de lui plaire. À ce moment-là, ses copains sont arrivés, ont ri, je trouvais ça très joyeux.
Lorsque j'ai enclenché Chantal Goya, ils ont

...

bien ri aussi, c'était de plus en plus joyeux. Puis, le magicien est arrivé avec le gâteau en forme de bâteau de pirate. Tout le monde s'esclaffait. C'était top.
Et puis... D'un seul coup, César a hurlé : « Mais j'en ai marre, j'en ai marre ! Maman, tu me fiches la honte, quoi ! J'ai plus 4 ans ! J'ai 12 ans ! 12 ans ! 12 ans ! 12 ans ! 12 ans ! 12 ans ! »

Bah, oui, je le sais bien ça, je suis sa mère. J'ai encore la cicatrice de l'épisio, merci.

Tous ses copains ont regardé le sol, Adrien a pris la poudre d'escampette avec la fée et le magicien, le chien a dit : « Je t'avais prévenue », Ella a volé les bonbons, Luna a pleuré. Et c'était fini.

Morale de l'histoire : quand t'es une mère indigne c'est pas bien, quand t'es une mère parfaite, c'est pas bien non plus. Bref, c'est jamais bien.

11 juin

Si ça se trouve j'étais pas faite pour être mère, c'est tout.

(Oui, oui tu peux sortir les violons et pleurer.)

12 Juin

La formation pour mères indignes ? J'ai baissé les bras, ce ne sont en fait que des gentilles qui punissent leurs enfants en les privant de télé. À côté, moi, je suis une tortionnaire. Ça m'a paru trop… pas assez… Bref, j'ai renoncé. Ne me juge pas, je fais ce que je veux.

13 Juin

Point météo : il a fait très beau, dans les 25 degrés. Mais j'avais la flemme d'aller au parc. Qui n'a jamais été au parc un jour de beau temps ne PEUT PAS comprendre la pénibilité du truc. Du monde partout, des gosses en veux-tu en voilà, des odeurs suspectes de couches sales débordant des poubelles, des bouts de gâteaux écrasés sous tes baskets, des mères hystériques qui cherchent leur gamin « Kéviiiiiiiiiiiiiiiiin, Kéviiiiiiiiiiiiiiiiiiin », des pères complètement dépassés, des tours de manèges à 2 euros les 20 secondes, du sable partout, des queues devant le toboggan dignes de celles devant l'Olympia pour un concert des Stones, des gosses qui hurlent lorsque tu demandes vers 18 heures de réunir les affaires pour rentrer, des conversations forcées avec d'autres mamans que je n'aime pas... Bref, le parc, un 13 juin sous le soleil, c'est LE mauvais plan. Pour moi, hein, parce qu'eux, ils adorent.
Du coup, pour ne pas les priver de bonheur, je leur ai mis un film.

Non, en fait trois films.

Appelez les services sociaux, je m'en fiche, j'avais besoin de dormir, MOI.

14 Juin

En rentrant du bureau, ce soir, j'ai retrouvé trois enfants extrêmement sages.
« Tu vas bien maman ? », a dit l'un.
« Tu as passé une bonne journée, mamounette ? », a poursuivi l'autre.
« Maman belle », a conclu Luna.

Trop beau pour être normal. C'était suspect. C'est au bout de deux bonnes heures que j'ai découvert le loup (pas celui des trois petits cochons, hein, ni celui de mon mec... mais je m'égare). César, Ella et Luna m'avaient cassé mon ordi.

Je reprends avec la fougue qui me caractérise : CES SALES GOSSES QUE J'AI ENFANTÉS M'ONT PÉTÉ MON ORDI.

#auboutdurouleau

#ordinateurtoutneuf

#gossespourris

#aubagneleskids

#aulitsansdîner

15 juin

À la question : « Qui est le coupable ? », ils se sont accusés les uns les autres. Luna étant la plus petite, elle a eu du mal à se défendre. César a même osé accuser le chien.

Comme dans les films américains, j'ai tenté de marchander avec l'ennemi. Avec la voix de Brando dans Le Parrain j'ai demandé à Ella : « Allez, petite, dis-moi qui est le coupable sinon... sinon je serai contrainte de supprimer ton frère et ta sœur ! ».
Je pense que mon imitation n'a pas convaincu puisqu'elle n'a rien dit.
C'est sûr, ils doivent être liés par un pacte secret. Genre : « Si tu dis que c'est moi qui ai cassé l'ordi, je dirai que c'est toi qui as fait caca dans le bain il y a 3 ans ! »
César a trouvé ça judicieux de dire : « Maman, on n'est pas des balances. Je suis Jean Moulin ». Jean Moulin de rien du tout, ouais !

Aucune dénonciation et 1 h 22 plus tard, j'ai donc décidé d'enterrer mon ordinateur dans le pot de terre contenant des fleurs fanées sur le balcon, sous les yeux ébahis de Luna. Puis de menacer : « La prochaine fois, c'est vous que j'enterre ! Pour vous faire pardonner vous allez devoir, jusqu'au reste de votre

...

vie, promener le chien matin et soir + mettre la table et la débarrasser + faire vos lits + me faire AU MOINS trois câlins par jour ».

César a dit OK pour tout, sauf les câlins : « J'ai 12 ans ! ».

Mais bordel quel petit... quel petit... bon, tu vois, quoi.

16 juin

Mon mari d'amour m'a offert un aspirateur.
« Mais, pourquoi ? », ai-je demandé l'air désespéré.
« Oh, je ne sais pas, ça m'a pris, j'adore te faire des cadeaux sans raison, mon cœur. »
Ella a ri. Le chien aussi.

Je t'en foutrais, moi, des « mon cœur ».

17 juin

Aujourd'hui, Ella a été invitée à un goûter d'anniv sur le thème « Princesses ». Elle a enfilé son déguisement d'Elsa dans *La Reine des Neiges* et, au moment de partir, m'a demandé de prendre le cadeau. Merde le cadeau. J'avais zappé, alors j'ai été pêcher un cadeau que César avait reçu lors de son super anniv à la maison (je fais toujours ça, mettre des cadeaux de côté pour les ré-offrir à des anniversaires).

Sauf qu'en allant la chercher à 18 heures, j'ai compris à la mine défaite de la maman de sa copine, et surtout à celle de ma fille, qu'il y avait eu un souci.

« Maman, dans le paquet cadeau il y avait un livre avec une dédicace pour César de la part de son copain Jonas. » Ne sachant que faire (je me serais bien enfoncée dans le sol ou j'aurais bien voulu disparaître dans un monde parallèle), j'ai ri. Mais genre, bien fort. Mais genre, à gorge déployée.
La maman a fait une tête bizarre, Ella a pleuré. Je l'ai attrapé par la main et on a couru.
J'ai donc 12 ans d'âge mental.

19 Juin

Petite voix de Ella au réveil (vers 6 h 43, un samedi, c'est cool) : « Maman tu as fait les trois gâteaux ? C'est la kermesse tout à l'heure... »
Paupières lourdes, haleine fétide, mine blanche, mari ronfleur et soudain : « *Oh my God*, les gâteaux, les gâteaux, les gâteaux. Bien sûr ma chérie, j'ai fait les trois gâteaux » (mensonge éhonté).
Évidemment penses-tu, je n'avais PAS DU TOUT préparé les trois gâteaux que j'avais promis de faire un mois auparavant.

Se lever, aller aux toilettes, boire un café, boire un thé vert (à chacun sa façon d'être Gwyneth Paltrow), bâiller, ouvrir le frigo pour checker s'il n'y a pas une pâte toute faite, fermer le frigo, ouvrir le placard, y chercher de la farine, ne pas en trouver, appeler le magasin pour connaître l'heure d'ouverture, apprendre qu'exceptionnellement Picard est fermé, descendre en pyjama acheter trois savanes au supermarché, sortir les gâteaux de leur emballage, les mettre dans des moules certes un peu trop grands mais bon, réveiller les gens encore endormis, leur faire avaler un chocolat chaud, dire d'un air fier (et s'en persuader) : « Ah là là, comme je suis fière

...

de mes gâteaux, même Cyril Lignac, il fait pas mieux », partir à la kermesse, faire croire aux autres mamans que J'AI fait des gâteaux, accueillir leur air douteux, disposer les gâteaux sur les tables, regarder un enfant en prendre une part.
L'entendre hurler à sa mère : « Beurk maman, je déteste le Savane ».
Baisser les yeux, devenir rouge de honte, vouloir mourir, avoir chaud, avoir la gorge sèche, se dire que LU ça aurait été mieux, maudire Picard, maudire la kermesse, devoir se justifier auprès de ses enfants. S'enfuir ?
Oui, s'enfuir.
Alors je me suis enfuie, laissant là mes trois gosses, mes gâteaux Savane home made et ma dignité.

20 juin

Cher Journal,

Je te reproduis ici mot pour mot la conversation que j'ai eue avec Adrien.

« Sophie il faut qu'on parle. (*ça, c'est Adrien parce que moi je ne me parle pas encore à moi-même comme ça... quoique...*)

- OK.
- Il y a un souci.
- Ah ?
- Tu es dépassée par ton rôle de mère. Tu t'es enfuie deux fois en cinq jours. Une fois à l'anniv de la copine d'Ella et hier à la kermesse.
- Mais quel rôle ? Ce n'est pas un rôle, je SUIS mère.
- Ne joue pas sur les mots, Sophie.
- Tu me parles comme à une gosse.
- Je le fais car je pense que tu as 12 ans d'âge mental.
- Même pas vrai.
- Les enfants sont tristes Sophie, tu sais.
- Ah.
- Tu comptes faire quoi ?
- Bah je ne sais pas, changer de vie, partir en Amazonie ou aux Seychelles.
- Plus sérieusement ?
- Je suis comme ça, ça va, rien de grave.
- Sophie, reprends-toi.
- Sinon quoi ? Tu vas compter jusqu'à trois et

...

me mettre au coin ?
- Sinon, je te quitte et je garde les enfants.
- N'importe quoi. Tu m'aimes.
- Oui, mais ton comportement...
- Je suis... originale. J'ai même essayé une thérapie de groupe... Je suis comme je suis.
- OK, alors laisse-moi faire, j'ai une idée.
- OK, cool. »

22 juin

Adrien... Adrien et ses bonnes idées !
Tu sais ce que c'est, cher Journal, la bonne idée de mon mec pour que j'apprenne à ne plus être indigne ? Super Nanny !
Oh pas celle de la télé, hein, elle est trop occupée. Mais une sorte de cousine de Super Nanny. Elle a sonné à la porte hier matin, vers 7 h 30, pile à l'heure où j'allais me faire un SPA en lisant un magazine. Sans rire, lundi matin à 7 h 30... Elle débarque habillée en Mary Poppins : « Bonjour, je suis Irène, la Super Nanny qui va vous remettre dans le droit chemin ! »
Je suis restée coite.
« Adriiiiiiiiiiiiiiiii », j'ai hurlé.
« Oui, c'est la bonne idée dont je t'ai parlé hier, chérie. Irène va venir t'aider un peu. Elle a travaillé dans de grandes familles et a fait sa formation en Angleterre. »
J'ai senti que je n'avais pas le choix. C'était ça ou mon mec me quittait.
À ce moment-là, César est arrivé : « LOL c'est qui MDR ? »
« Irène, la Super Nanny », j'ai répondu.
Ella a demandé : « Mais d'habitude, c'est pas quand les enfants sont pas sages ? Nous, on est sages, c'est Maman qui est pas sage. » César a ri, Luna a ri, le chien a ri, Adrien a ri, Irène a ri. Moi je n'ai pas ri. Du tout.

23 Juin

Irène-Super Nanny a commencé, comme à la télé, par me dire : « Je suis dans une phase d'observation, faites comme à votre habitude, je prends note de tout et je vous apprendrai ensuite comment devenir une mère parfaite ».

MAIS JE NE VEUX PAS DEVENIR UNE MÈRE PARFAITE BORDEL (juste, MOINS INDIGNE) !
« Ah super, merci, heureusement que vous êtes arrivée dans ma vie hein » (mensonge, nez qui s'allonge, toussa).

24 juin

Irène-Super Nanny nous a convoqués tous les cinq (« Et moi ? », dit le chien)... tous les six dans le salon.
Elle a dit qu'elle avait dressé une liste de choses qu'elles avaient vues et qui n'allaient pas, et qu'elle allait nous en dire plus.
« Sophie, vous semblez préférer votre chien à vos enfants (bah oui, parfois, je l'avoue), vous semblez ne pas assumer vos erreurs (bah oui, parfois je l'avoue), vous semblez ne pas avoir conscience que la mère, c'est vous, et non pas eux (bah, euh, ils peuvent pas être ma mère, ils sont trois. Pffff), vous ne laissez pas de place à Adrien pour s'imposer (il a qu'à la prendre), vous vous amusez trop avec vos enfants (ah et c'est interdit ?), vous oubliez tout car vous ne notez rien (LA PRISON ! LA PRISON ! LA PRISON !), vous semblez trouver refuge dans votre boulot (oui, parfois). »

Ensuite elle a dit qu'elle allait mettre des règles à suivre sur le frigo et qu'il ME faudrait les suivre.

OK, j'ai donc 12 ans pour de vrai.

Les règles à suivre par Sophie :

- Tu ne mentiras plus à tes enfants.

- Tu ne piqueras plus leurs gâteaux, leurs affaires, leurs stylos.

- Tu éviteras de leur parler moins bien qu'au chien.

- Tu noteras tout ce que tu dois faire pour ne rien oublier.

- Tu arrêteras de t'enfuir.

- Tu leur donneras aussi des légumes à manger.

- Tu laisseras leur père les gronder aussi.

- Tu ne répondras PLUS JAMAIS à leurs questions par « dans ton cul ».

26 juin

Cher Journal,
Je ne sais pas toi, mais moi, je ne PEUX PLUS supporter cette Irène. Adrien me soutient qu'elle nous fait du bien. Tu parles, elle fait du bien à ses finances, ouais.

En fait, elle me saoule, elle sert à rien. J'aime mes enfants plus que tout au monde, ils sont ma fierté de chaque instant, je n'aurais pas voulu d'autres enfants, je n'aurais pas voulu une autre vie. Oui, ils m'énervent mais ce doit être assez normal, je suppose. Cette Irène, là, avec ses airs de Madame-je-sais-tout... Attends, le mieux c'est qu'elle n'a pas d'enfant. Elle te file des conseils sur le comportement à adopter avec tes gosses, mais elle n'en a jamais voulu. JE RÊVE.

DEMAIN JE LA VIRE. NON, DEMAIN JE L'EMPOISONNE.

27 juin

Il fait très chaud. Comme il n'y a qu'un ventilateur à la maison, je l'ai pris pour moi (enfin, pour nous, parce que le Père Adrien, il n'a pas dit non). Bah, quoi ? je suis LA Mère, non ? Stop à cette idée toute faite qu'il faudrait se sacrifier pour ses enfants. Non, non, non. Halte aux idées reçues !

28 Juin

Tu sais ce qu'elle a fait cette chère Irène ? Elle t'a lu ! Elle a osé fouiller dans mes affaires, elle est tombée sur toi, et hop ! elle a tout lu, la garce.

Comment je le sais ? Parce qu'elle l'a dit à Adrien en mode : « Votre femme veut m'empoisonner, elle l'a écrit dans son journal intime ».

Et là, au lieu de la virer sur le champ, il a osé lui demander ce qu'elle avait lu d'autre. Sur ce, moi j'arrive, je surprends la conversation et je me sens comme violée (oui, je sais, c'est un peu fort, mais bordel, c'est mon jardin secret tout ça). J'avance pour la frapper (wesh wesh), lorsqu'elle ose me dire : « Vous avez bien lu le journal de votre fils vous... » (gnagnagna).

Sous les yeux ahuris de mon mari et des enfants (bon je ne savais pas qu'ils étaient là), je l'ai giflée en ajoutant : « Mais c'est MON fils, vous, vous n'êtes rien pour moi. Adrien, tu la vires ou je la tue ? ».

Et là, l'autre andouille de mari-tout-mou a dit : « Calme-toi, chérie, ça va, ce n'est pas grave ».

J'ai pas eu le choix, je l'ai tuée.

29 juin

Je t'écris depuis ma cellule. C'est calme au moins ici. Pas de réveil à 4 heures du matin, pas de gosses qui hurlent, pas de « nordinateur » cassé.
« La prison, c'est cool ! » *(slogan pour les prisons françaises)*

30 Juin

Je déconne, je ne suis pas en prison, je n'ai tué personne, juste viré la Super Nanny.
Luna a demandé : « Elle est où la dame ? ».
J'ai continué de répondre : « Dans ton cul ».
On ne se refait pas.

Dans six jours c'est l'été et ses deux mois de vacances (pour eux, pas pour nous). Me pendre, je vais.

2 juillet

La vie de parent est mal faite. Lorsque tes enfants sont en vacances, tu ne l'es pas et lorsqu'ils sont à l'école tu ne l'es pas non plus.
Conclusion : ils sont toujours en vacances et pas toi.

Conclusion bis : c'est décidément plus cool d'être un enfant.

3 juillet

Avoir des enfants, ça t'apprend la patience, l'amour, l'humilité et surtout, surtout à ne jamais être surprise lorsque tes chiottes sont bouchées par une jambe de Barbie.

4 juillet

Ma mère me demande : « Tu prévois quoi pour les enfants pour les 2 mois d'été ? » Merci Maman de te souvenir de ça la veille des vacances. Puisque tu ne m'as pas proposé de les garder, j'ai inscrit les deux grands en colo pour deux semaines et la petite sera à la garderie tout le mois de juillet.

Ma mère : « Quoi ? en colonie ? mais tu n'es pas folle ? avec tout ce qu'on entend ? »
Merci Maman de m'inquiéter encore plus.
« Toi, tu étais inquiète ? TOI ? »
« Bon, et en août ? »
On part en Bretagne 15 jours avec les Dumoulin et leurs deux enfants, et une semaine tous les 5.
« OK, on va venir avec ton père. »
« Non. »
« Méchante fille. »
Méchante mère. Ce genre de conversations avec ma mère est toujours un plaisir.

Puis, j'ai réfléchi : si mes parents viennent quelques jours, ils apprécieront à leur juste valeur les réveils toniques de Luna à 6 heures du matin.
« OK, Maman, venez passer quatre jours, avec GRAND plaisir ».

5 Juillet

Jour des livrets des deux grands.
Le problème quand tu as des enfants qui sont d'excellents élèves c'est que tu es habituée à des notes qui vont de 18 à 20. Alors, quand Ella m'a montré son 17 de moyenne, moi qui n'ai jamais eu que 13/20 toute ma vie (et encore dans les bons jours), j'ai été obligée de me fâcher, de lui dire que c'était pas génial, qu'il ne fallait pas se relâcher ainsi, que la vie n'est pas faite d'acquis. « Bah, à moi » a-t-elle répondu. Choupette.

J'ai même réussi à lui tirer quelques larmes. 17 de moyenne, non mais, de qui se moque-t-on ?
Quant à César, ça roule. 19 de moyenne. Je commence à croire que cet enfant n'est pas le mien. Pourtant, je me souviens bel et bien de l'accouchement. 4 kg 300, tu les sens passer. Donc, aucun doute, mon fils est mon fils et il est superbon à l'école.
Ma belle-mère Brigitte dit que tant de génie, ça vient forcément d'elle. Ha ! Ha ! Ha !

6 juillet

Hu Hu Hu, c'est les vacances !
Les deux grands partent en colo « Alliance avec la nature » dans les Gorges du Verdon dans trois jours. Valise à faire, je dois.

7 Juillet

- 14 petites culottes ou caleçons
- 14 paires de chaussettes
- 14 tee-shirts
- 4 pantalons
- 3 pulls, dont un sweat
- 1 imperméable
- 1 paire de bottes
- 1 sac de couchage
- 1 enveloppe timbrée à leur (notre) adresse
- 1 trousse de toilette complète

Bon, c'est cool j'ai tout. Pour les deux évidemment. C'est louche.

9 Juillet

Évidemment sur le quai de la gare, Ella a pleuré. Du coup, moi aussi (oui, parce que j'ai un cœur). Un moniteur nous a rassurés. Je crois qu'il avait 16 ans.

César quant à lui, nous a à peine dit au revoir.

Adrien, Luna et moi avons regardé nos moineaux partir pour quinze jours.

YES ! YES ! YES !

10 juillet

Et c'est en revenant à la maison que je me suis aperçue que j'avais oublié les deux sacs de couchage dans l'entrée. J'ai fait un colis express pour leur envoyer vite fait. « Trois jours » a dit le postier...

11 juillet

Ce calme...
Deux enfants en moins, y'a pas à dire, ça rend tout plus facile.

12 juillet

On les a eus au téléphone. Ça a donné en substance :

« Mes amooouuuuurs, vous nous manquez ! Ça va ? Vous mangez bien ? Vous dormez bien ? Les animateurs sont sympas ? On ne vous manque pas trop ?

- Non vous ne nous manquez pas du tout, mais les sacs de couchage si, on dort sur des serviettes. Bon, on doit raccrocher, y'a activité danse. Salut. »

Salut.

13 juillet

OK, j'ai le blues. Ils me manquent.

Alors, on a pris leurs oreillers pour avoir leur odeur et Adrien et moi, on a dormi avec.

14 juillet

Ils me manquent, non mais, vraiment. Leurs cris, leurs chamailleries.

15 juillet

En fait, je suis une bonne mère quand ils ne sont pas là.
La mère parfaite n'a pas d'enfants, c'est aussi simple que ça !

17 juillet

Au courrier ce matin une lettre conjointe des deux.

« Bonjour Papa, bonjour Maman,
Comment va Luna ? Et le chien ?
Ici ça va. On peut rester une semaine de plus ?
Bisous.
César et Ella. »

Enfants ingrats.

18 juillet

Aujourd'hui, Luna a enlevé sa couche, a soigneusement pris son caca et a dessiné un arc-en-ciel (marron) sur le mur du salon.
Je me doute qu'un bon psy trouverait une explication.

Mais moi, je l'ai punie.

20 juillet

OK, donc, après une réunion avec moi-même et mon mari, on a décidé qu'ils ne rentreraient que le 30 juillet.

YES ! YES ! YES !

22 Juillet

C'est donc l'occasion de passer plus de temps avec Luna. Elle a un peu plus de 2 ans maintenant et lorsqu'elle joue à la dînette, je fais semblant (en tant que chef de file des bonnes mères de France) d'aimer les faux gâteaux que je mange.

Dialogue :
« Miam, c'est drôlement bon, Madame, tous ces gâteaux, je vais parler de vous à toutes mes amies.
- Tu as des zamies maman ?
- ... »

25 juillet

Mes parents ont proposé d'emmener Luna trois jours à la campagne.

Si je dis oui (ce que je vais faire), je vais donc avoir trois jours SANS ENFANTS DU TOUT. On va pouvoir sortir sans avoir à se soucier de la baby-sitter, faire l'amour sans devoir se donner rendez-vous, boire des apéros en terrasse, se promener nus chez nous.

26 juillet

Tu connais les parents qui se sont débarrassés de leurs enfants en pensant retrouver d'un coup leurs 20 ans ?

Je suis à deux doigts de cacher les photos de nos rejetons et tout signe de vie d'eux, mais ça ferait mauvais genre.

27 Juillet

Tu connais les parents qui ont cru qu'ils allaient faire des trucs dingues parce que leurs trois enfants étaient absents et qui finalement sont juste rentrés sagement après le boulot pour boire un verre de rosé, tout en parlant desdits enfants pendant 2 heures ? Ils sont notre passion, que veux-tu ?
Quand ils sont là, ils nous gavent ; quand ils ne sont pas là, ils nous manquent.

28 juillet

Ah, Luna est déjà revenue !
DÉJÀ ? DÉJÀ !

30 juillet

Le retour des deux grands s'est bien passé. Ils ont pleuré en quittant leurs copains de colo, ont rapporté 2/3 (que dis-je 45 678) poux avec eux, ont le dos en compote de n'avoir pas eu de sacs de couchage et ont des souvenirs plein la tête (juste à côté des poux).

Je dois faire une confession : je les trouve changés. Ils ont grandi, ou je ne sais pas trop, mais je les trouve… (oh j'ai honte) moches !
J'ai demandé son avis à Adrien, il a juste dit : « C'est toi, la moche ». Bon, bon, bon.

1er août

On part demain en Bretagne, à Saint-Briac-sur-mer. Avec les enfants. Et leurs poux.

Comme si je n'avais pas assez de mes gamins, je dois aussi me taper des poux.

2 août

Un mec devrait inventer un concept pour rendre les enfants muets pendant les longs trajets en voiture. Pendant les courts aussi. À peine partis, Ella avait déjà envie de faire pipi, le chien aussi, Luna avait oublié ses 45 tétines, César avait mal à la tête et Adrien avait le cuir chevelu qui le grattait.
Trois heures de route plus tard, Luna a vomi (dans la voiture toute neuve, merci), RFM a buggé et laissé place à Radio Rap ce qui est pénible sur le long terme. Sans parler d'Ella qui demandait toutes les trois secondes : « C'est kankonarrive ? »
Je kiffe mes gosses, mais les trajets en voiture avec eux, c'est de la pénibilité en barre. D'ailleurs, si je voulais torturer un *bad guy*, je le mettrais à l'arrière avec mes trois enfants pendant trois heures. À la fin, il deviendrait un *good guy*.
À la cinquième aire d'autoroute, on a oublié César. Ne me demande pas comment, ni pourquoi. Ça aurait pu être pire, ça aurait pu être le chien.

5 août

La maison que nous avons louée sur *Airbnb* (site dont j'ai longtemps cru qu'il avait un lien avec le R'n'b, c'est une confession inavouable) était telle que prévue, vue sur la mer, cinq chambres, une grande cuisine, un jardin, un grand salon. Bref, Stéphane Plaza lui-même n'aurait rien trouvé à redire.

On a fait le choix, surtout moi, de partir avec des amis (surtout des amis à moi) : les Dumoulin, qu'on a rejoints sur place.

Dans la famille Dumoulin il y a Nico, le père, Clem, la mère et les jumelles de 7 ans, Iris et Violette. Je les connais de l'école, les jumelles sont en classe avec Ella.Ils sont très sympas.

6 août

En fait, non, les Dumoulin ne sont pas très sympas, ils sont très cons. Quant à leur paire de jumelles, je les hais. Oui, oui on a le droit de haïr des enfants. Même si ce n'est pas convenu. Je m'en fiche.
Note pour plus tard : ne pas louer de maison avec des soi-disant amis qui laissent traîner leur linge sale dans mon lit et qui ont des enfants capricieux.

7 août

En plus d'avoir des colocataires insupportables, il pleut.
Si j'étais rédactrice de tests à la con dans les magazines, je m'auto-poserais ces questions :
- *Est ce que vos enfants vous énervent parfois ?*
- *Est ce que vos amis vous saoulent ?*
-*Est ce que la pluie à la mer ça vous agace ?*
Si vous avez répondu OUI à ces trois questions, préparez-vous à des vacances de merde !

8 août

La bonne nouvelle, c'est que je me rends compte que mes enfants sont VRAIMENT les plus géniaux du monde. En toute objectivité.

9 août

Aujourd'hui Luna, 2 ans, a mordu Iris, 7 ans.
Ça a donné ça :
Iris : « Elle m'a morduuuuuuu ! »
Luna : « Je suis zobligée, je suis un lion. »
Moi : « Tu es un lion, vraiment ? »
Luna : « Oui. Grrrrrr. Grrrrrr. »
Moi : « Désolée, je ne peux pas intervenir dans le cycle de la vie. »
Évidemment, Iris est allée se plaindre auprès de son père à qui j'ai soutenu que si ma fille est un lion, je ne peux pas y faire grand-chose.

Mon but : qu'ils partent vite. Je ne tiendrai pas encore une semaine avec eux. Dans le genre torture, j'aime encore mieux regarder Dora en boucle.

11 août

Le pire, chez les gens relous, c'est quand ils ne se rendent compte de rien.
Je pense vraiment que les Dumoulin nous adorent et garderont un merveilleux souvenir de ce séjour à Saint-Briac sous la pluie, en août.

12 août

Je suis incorrigible.
Avec l'aide de mes deux grands, j'ai simulé une varicelle. Adrien a dit encore une fois que j'étais folle, mais moi je lui ai dit que 24 heures de plus avec eux, enfermés à bouffer des chocobons, j'allais à l'asile direct.
La veille, je leur ai demandé s'ils avaient déjà eu la varicelle. Non, personne chez eux ne l'avait chopée.
Alors, l'idée m'est venue de me mettre des faux boutons et de simuler. Je suis superforte en simulation (mais ne le dites pas à mon mari !).
Ella, qui a un véritable don pour le maquillage, m'a dessiné 43 boutons sur le visage et le cou et César a fait le reste en annonçant la terrible nouvelle : « Un truc de ouf, Mam's elle a chopé des boutons, yeuk, on dirait une ado en crise, quoi. Limite, j'ai envie de l'appeler Biactol. Je crois qu'elle a la varicelle, elle l'a jamais eue et ça pardonne pas. Le docteur, il a dit que c'était hypercontagieux ». Et Ella de répéter « hyper, hyper ».
À ce moment-là, je suis sortie de la chambre, ils ont vu ma tête et, d'un air embêté, Nico a dit : « Il vaut mieux qu'on ne reste pas ici, moi je l'ai jamais eue et pour un homme c'est assez dangereux, on va se trouver un hôtel. »

...

J'ai insisté : « Non ne partez pas, c'est dommage, on est si bien ensemble ! Bon, OK, si vous insistez, on vous remboursera hein, rhooo quelle merde tout de même. On en parlait hier et pffff je la chope. Mais qui a pu me la refiler ? »

NOUS : 1 point / Les Dumoulin : 0 point

13 août

Comme par magie, le soleil est revenu lorsque les Dumoulin sont partis. Alors, on est allé à la plage. Et alors, on est tombés nez à nez avec eux. Et alors je n'avais, oh miracle… plus la varicelle !

14 août

Les gosses à l'année, c'est (un peu) la plaie mais les gosses en vacances, c'est pas mieux. Luna n'arrête pas de chouiner à cause du sable qui la gratte, Ella refuse de faire un stage de voile et le César se prend pour un ado mais, en fait… non.

Heureusement que le chien est là. Ah oui : et Adrien aussi.

15 août

Sylvie et Henri sont arrivés ! Sylvie et Henri sont arrivés !

Mes parents, quoi.

Ils ont voulu être là pour profiter des gamins, je peux te dire qu'ils vont en profiter. C'est pas ça, le rôle des grands-parents ?

16 août

Le jeu préféré de ma mère, c'est de parler de moi comme si je n'étais pas là et de raconter mes faits de guerre en tant qu'enfant. « Vers 8 ans, Sophie c'était une terreur. Une fois, elle a même jeté un seau d'eau sur la tête des voisins du dessous. Rhoooo là là, elle s'est fait punir, je ne vous dis pas ».
Bah, non, ne dis pas maman. Ça va. Non, non ne raconte pas à mes enfants que je suis une ancienne enfant difficile, tu vas leur filer des idées.
« Moi, je pensais qu'elle ne serait jamais mère, elle a jamais eu la fibre maternelle. Comme quoi, hein... »
Bien maman, bien. APPLAUSE ma mère qui va creuser le trou de la Sécu en envoyant mes enfants chez le psy.
Bon, allez, et si vous alliez tous faire du bateau et ramener des coquillages ? Tous sauf Adri et moi. Allez, hop !

17 août

Il va déjà falloir retourner chez nous dans 3 jours. En fait ça passe vite le mois d'août.
Et en fait, si j'y pense, c'est plutôt cool car les trois vont retourner à l'école et à nous les VRAIES VACANCES !
Mouhahahaahahahahaha... Mouhahahahaa-hahahahaha (rire cruel) !

20 août

Pire que de défaire les valises, c'est quand, après trois semaines dans une maison, tu dois les refaire.
Du coup… Du coup, j'ai promis aux enfants 4 euros chacun s'ils les faisaient. Si cela inclut le ménage ? Bah oui, quelle question !

21 août

C'est marrant, les gosses ça dit toujours au revoir aux objets, aux lieux, aux maisons. Au revoir la Maison de St Briac, au revoir st Briac, au revoir le lit, au revoir la mer, au revoir le linge sale des Dumoulin, au revoir la pluie, au revoir le mois d'août, au revoir les bateaux.

« À bientôt », a dit Luna.
Ah non ça… à jamais. Merci beaucoup, la Bretagne, la pluie, un jour de beau temps sur 20. Non, plus jamais !

22 août

On a encore oublié César sur une aire d'autoroute.
Pas de souci, on a fait demi-tour assez vite, au bout de deux bonnes heures. Naaaaaan, j'déconne ! Ça a duré 20 secondes. Puis Adri a fait demi-tour sur l'autoroute, mais en fait, c'est interdit. Naaaaaan j'déconne bis.
Bon, allez, en vrai de vrai, comme disent les gosses, on ne l'a pas oublié, je te fais marcher. Bah, quoi, un journal intime, ça a pas le droit de marcher ? Ah bon et depuis quand ? C'que t'es devenu vieux jeu en Bretagne, toi... Quoi, je n'ai pas le droit de m'adresser à toi comme si je parlais à un être humain ? Ah ouais, pourquoi ? Y'a une loi qui stipule ce genre de choses ? « Selon l'arrêté 5667-c, il est interdit de parler à son journal intime. » ?

Si je suis folle ? Ouais, un peu mais gentille hein, très gentille.

Si je frôle le burn-out ? PAS DU TOUT.

1er septembre

Reprendre le boulot, remplir le frigo, faire une visite médicale avec les enfants, faire les courses de la rentrée.
Pour se remettre dans les rails, j'ai annoncé à mes enfants « Bon, on va se remettre à se coucher vers 20 h 30, dans quatre jours, c'est l'école ».
En guise de réponse collégiale, j'ai eu droit à : « HAHAHAAHAHAHAHAHAHa ! »
Non, rien.

2 septembre

Pire qu'un accouchement sans péridurale, les courses de fournitures scolaires. Il faut le crayon HB de telle taille, le petit cahier vert à grands carreaux, le grand cahier bleu à petits carreaux, le classeur rouge, le stylo bille pas effaçable, l'effaceur mais pas de la marque bidule, le cartable à roulettes mais pas forcément, le lutin (ce qui n'a rien à voir avec les sept nains) avec 456 pochettes, la peinture sèche mais avec de l'huile, les ciseaux... et blablablabla. Moi, j'ai pas mis des gosses au monde pour perdre 45 heures dans les allées d'un supermarché à chercher si le cahier bleu peut passer pour vert.

En plus, César est gaucher ce qui n'arrange

...

pas la situation. Oui, parce qu'il lui faut des ciseaux de gaucher qui, évidemment, coûtent 5 euros de plus que les ciseaux de droitiers. Moi je dis : NON au racisme anti-gauchers.

Du coup, comme j'ai préféré aller me faire faire les ongles plutôt que de perdre 3 heures au Super U entourée de mômes et de mères (quelques pères aussi, je l'avoue), j'ai filé un billet aux enfants pour qu'ils gèrent leurs courses eux-mêmes.

Ça n'a pas loupé, Ella s'est perdue au rayon légumes entre les choux et les carottes, la police a débarqué, ils m'ont téléphoné alors que mes ongles en étaient à la 2e couche, j'ai passé 30 minutes à devoir me justifier sur le pourquoi du « comment j'abandonne mes enfants au Super U », tout le quartier est au courant et la méchante policière a menacé de les placer à la DASS.

Ah, et en plus, j'ai dû me taper les courses de fournitures toute seule et j'ai trois ongles pas faits !

4 septembre

Luna croit que je ne suis pas sa mère. « Maman, monstre », a-t-elle hurlé à 3 heures puis à 5 heures puis à 7 heures, la nuit dernière.
À bien y réfléchir, je pense que l'option abandon est possible.

5 septembre

Ce matin, c'était la rentrée ! Non, je ne les ai pas accompagnés, j'ai laissé ça à leur père.
Moi, je me suis dépêchée d'aller faire poser la 2e couche de mon vernis (rapport au Super U, toussa).
César est rentré en 6e, ce qui me paraît problématique puisque moi-même je suis rentrée en 6e il n'y a pas si longtemps. Un jour, ce gosse sera plus vieux que moi…
Il est RA-VI. Il croit, l'idiot, qu'il a 18 piges parce qu'il est en 6e. Elle est longue la route mon coco, elle est longue !

Ella est rentrée en CE1 et Luna en dernière année de crèche, où elle va continuer de faire des dessins moches comme l'an passé.

7 septembre

Lorsque nous sommes rentrés du bureau, César nous attendait dans le salon avec un air sérieux. « Je dois vous parler », a-t-il annoncé. Adrien et moi nous sommes assis sagement sous les yeux interrogateurs de Luna et Ella (et du chien).

« Voilà, ça ne peut plus durer. Moi, César, élève de 6e, je réclame plus de coolitude ; moi, César, élève de 6e, je ne suis plus un bébé ; moi, César, élève de 6e, je vous promets d'être plus mûr ; moi, César, élève de 6e, je veux que vous ayez confiance en moi... » Je l'ai stoppé net : « Bon François Hollande, ça va là... On le connaît ton discours. Moi, Moi, Moi... Tu veux en venir où ? »

Il a pris son air chafouin (j'adoooooooore ce mot, chafouin) : « JE VEUX UN PORTABLE ! ». Adrien m'a lancé un regard qui voulait dire (en langage des sourds-muets que nous ne sommes pas) : « Il fallait bien que ça arrive ». J'ai repris la parole : « Ton père et moi allons nous retirer pour réfléchir ».

Là, il est dans son lit et il passe le plus long moment de sa vie. Et moi, je ne lui donnerai la réponse que demain. Hahahahahahahaha !

8 septembre

« Le tribunal parental se réunira à 20 heures ce soir », j'ai annoncé aux enfants ce matin. Luna a demandé : « C'est quoi un tiboubnal ? ». Je crois que ma fille de 2 ans parle créole, ce qui ne me pose aucun souci. Ceci s'explique sans doute par le fait que j'ai bu du rhum pendant ma grossesse. Je déconne.

9 septembre

Hier soir, on a donc réuni le tribunal composé d'Adrien et de moi-même. Le greffier étant le chien.
En tant que juge suprême j'ai pris la parole : « Attendu que César, enfant de 6e, a réclamé un portable sans autre forme de politesse que rien du tout. Attendu que l'enfant César a déjà cassé l'ordinateur de sa mère en bande organisée avec ses deux sœurs. Attendu que l'enfant ne fait pas son lit tous les jours comme convenu. Attendu que l'école est à 30 secondes de la maison. Attendu que nous faisons ce que nous voulons car nous sommes ses parents, la cour déclare que *(suspense, attente, gorge sèche de César)* César aura le droit à un téléphone portable hyperancienne génération ».
Il a souri.

…

Ella a demandé : « Ancienne génération… genre, vieux comme vous ? ».
Quelle garce.

12 septembre

Ma fille m'a demandé de l'aider en mathématiques. Elle est en CE1. Je n'y suis pas arrivée. Pour ne pas passer pour une nulle, j'ai dit : « Oh, mais débrouille-toi, il va falloir que tu cesses de dépendre de moi… Tu as 7 ans depuis quelques jours, je te rappelle ».

14 septembre

Il me semble que la Bretagne m'a fait du bien et que je suis moins indigne. Je m'auto-félicite car personne ne le fait pour moi.

17 septembre

Luna a la varicelle. Mais la vraie, hein, pas comme moi cet été. Elle vient se coller à moi depuis trois nuits pour que je la gratte. Je n'ai pas signé pour ça, moi. Non, je ne la gratterai pas, c'est trop pour moi.

19 septembre

Cinq nuits sans sommeil, avec une enfant boutonneuse, ça tue un homme, même une femme en l'occurrence. Je t'en foutrais, moi, des maladies infantiles, gnagnagna. Pour couronner le tout, la crèche ne l'accepte pas. Mes parents étant en croisière « 70 ans c'est le nouveau 40 ans », ma belle-mère étant superoccupée à je-ne-sais-quoi, j'ai dû poser un congé pour la garder (et la gratter).

Je suis tellement fatiguée que je ne sais pas pourquoi mes trois enfants continuent de m'appeler Maman, parce que, franchement, je ressemble plus à une serpillère qu'à une mère.

21 septembre

Luna m'a dit que j'étais la meilleure maman du monde. Parfois, j'avoue, ils me font craquer, ces mômes.

22 septembre

A y est ! Varicelle finie. Yihi ! Avant, je sautais de joie quand je buvais des mojitos en terrasse, maintenant je saute de joie quand le dernier bouton de varicelle a fini de sécher. J'ai visiblement changé mes priorités.

24 septembre

Ella est venue me trouver en me demandant : « Maman, au fait, tu en es où de ton régime ? ». J'ai enfanté un monstre.

25 septembre

Comme ça ne suffisait pas, ce matin, Ella m'a demandé « Et au fait maman, tu en es où de ton projet de devenir moins indigne ? »
« J'évolue, doucement mais sûrement. ». Elle a fait la moue, d'un air de ne pas y croire.

À vrai dire, je n'y crois plus trop non plus. Indigne je suis, indigne je resterai ?

26 septembre

Les miracles existent, je crois en avoir vu un ce soir. César a rempli le lave-vaisselle sans que je lui demande. Si ce genre d'exploit arrive, je peux arriver à être une supermaman.

30 septembre

Franchement... pire que les courses de la rentrée, il y a le temps passé à aider ta gosse de CE1 à apprendre une fable de la Fontaine : « *Maître corbeau sur son arbre perché tenait en son bec un fromage.* »

« C'est quoi perché ?

- Est-ce que les corbeaux mangent vraiment du fromage ?
- Peut-on donner du Kiri à un corbeau ?
- Pourquoi on doit faire la liaison tenaiTen son bec ? »

OK, donc, après trente minutes, nous savions que : non, les corbeaux ne mangent pas de Kiri (je le sais, j'ai un pote corbeau), perché veut dire « en hauteur », Jean de La Fontaine ne possédait pas de fontaine, les corbeaux sont noirs... et j'en passe.

Trois heures plus tard, 457 cheveux arrachés, 11 ongles rongés (oui, 11, car j'ai même rongé celui d'Ella), elle connaissait sa poésie.

MAÎTRE CORBEAU SUR SON CARTABLE PERCHÉ...
RHÂÂÂÂÂÂÂÂÂ...!

1er octobre

Depuis 5 ou 6 ans j'ai des comptes Facebook et Instagram.
Ma meilleure amie m'a fait remarquer ce matin que je mettais plus de photos de moi bourrée avec un cocktail à la main que de photos de mes enfants.
Bah, euh, oui... Je connaissais les cocktails avant de connaître mes enfants. Logique, quoi.

3 octobre

J'ai besoin de repos. J'envisage donc un week-end entre copines et de laisser les trois enfants à Adrien.
On n'a qu'une seule vie, non ou non ?

5 octobre

C'est bon, on part avec trois amies à Barcelone le week-end prochain. J'ai le droit au bonheur aussi, OK ?

6 octobre

César et Ella sont venus me voir ce matin avec des réclamations : « Pourquoi tu pars sans nous, pourquoi tu laisses papa tout gérer, pourquoi tu t'occupes pas de nous, pourquoi tu préfères tes amies à nous… ? ».

J'ai coupé court à ces revendications à la noix d'un : « Vous me faites chier. Je suis vulgaire ? Bah, tant mieux. » Ça les a scotchés. Moi aussi.

9 octobre

Voilà, j'ai passé un week-end sous le soleil de Barcelone avec mes trois meilleures amies. On a bu, on a dormi, on a dansé, on a été à la *playa* (« *Vamos à la playa-a-a-a* »).
J'ai été tout à fait injoignable tout le week-end, je n'avais tout à fait pas rempli le frigo et tout à fait pas laissé des consignes à Adrien. Toutafé.

12 octobre

Je te raconte ma vie, normal tu es là pour ça. J'ai été, comme tous les ans, faire un check-up chez mon gynéco. Il en est venu à me demander si je voulais d'autres enfants, rapport à la contraception, toussa. J'ai eu une réaction incontrôlable en entendant sa question, je me suis mise à trembler, à bégayer, à avoir des yeux exorbités et sans que je puisse rien y faire, j'ai hurlé : « Nooooooooon plus JAMAIS ! ».
Il m'a proposé de me ligaturer les trompes.

13 octobre

Non, je ne vais pas ligaturer mes trompes, quelle horreur !
Non, je ne veux pas d'autre enfant, mais bon, il devrait y avoir des solutions moins... radicales.

18 octobre

Elle est bien bonne celle-là. Ella qui termine ce soir son assiette de carottes... « Voilà Maman, t'es contente j'espère ? Les enfants d'Afrique ne mourront pas de faim ? »
Ma fille chérie...

20 octobre

Ce sont déjà les vacances de la Toussaint. Non, non rien…

Béni soit le centre de loisirs.

24 octobre

J'ai encore fait le coup… J'ai encore oublié le maillot de bain d'Ella pour la sortie piscine du centre de loisirs. Cette fois, je n'ai pas volé le sac d'une petite fille, cette fois, je n'ai rien pu faire et ma fille n'a pas pu aller se baigner. Je m'en veux…

Ça pourrait être plus grave, j'aurais pu me casser un ongle. Comme quoi.

26 octobre

Si ça se trouve, j'étais pas faite pour être mère.

29 octobre

Le chien me regarde en ce moment. Il a l'air de vouloir me dire un truc. Oh, ça y est, je pige tout, il pense : « Moi, je n'aurai jamais de gosses, quelle galère ! T'imagines en plus, nous les chiens, on en a parfois huit d'un coup ! ».

C'est là que je relativise, j'aurais pu être une chienne (pas d'esprit mal placé, merci) et en avoir plein d'un coup. Wow, je suis une rescapée de la race humaine, en fait !

3 novembre

Je ne sais pas ce qui m'a pris lorsque j'ai accepté qu'Ella invite trois copines pour une pyjama party.

Je ne sais pas ce qui m'a pris lorsque j'ai accepté qu'Ella invite trois copines pour une pyjama party.

Je ne sais pas ce qui m'a pris lorsque j'ai accepté qu'Ella invite trois copines pour une pyjama party.

Je ne sais pas ce qui m'a pris lorsque j'ai accepté qu'Ella invite trois copines pour une pyjama party.

Je ne sais pas ce qui m'a pris lorsque j'ai accepté qu'Ella invite trois copines pour une pyjama party.

Je ne sais pas ce qui m'a pris lorsque j'ai accepté qu'Ella invite trois copines pour une pyjama party.

Je ne sais pas ce qui m'a pris lorsque j'ai accepté qu'Ella invite trois copines pour une pyjama party.

Je ne sais pas ce qui m'a pris lorsque j'ai accepté qu'Ella invite trois copines pour une pyjama party.

Je ne sais pas ce qui m'a pris lorsque j'ai accepté qu'Ella invite trois copines pour une pyjama party.

Je ne sais pas ce qui m'a pris lorsque j'ai accepté qu'Ella invite trois copines pour une pyjama party.

5 novembre

Il ne restait plus qu'un bonbon hier soir, je l'ai pris. Je suis leur mère, un peu de respect, non ?

6 novembre

Je suis un génie. *Call me Einstein.* Je vais me faire tatouer des yeux sur mes paupières comme ça, je vais pouvoir dormir tout le week-end tandis que les trois enfants croiront que je les observe. Prix Nobel pour moi. Tout de suite !

11 novembre

Ella m'a demandé pourquoi c'était un jour férié aujourd'hui. Comme je suis... comment dire... enfin bon, l'Histoire, c'est pas mon fort, j'ai répondu « La fin de la guerre 1939-1945 ».
César m'a lancé un regard... mais un regard... genre *serialkiller* mais intelligent hein, pas *seriakiller* boucher, avant de dire : « N'importe quoi... c'est la fin de la guerre de 1914-1918, Maman ! DTF ! »
Ne pas s'avouer vaincue, ne pas s'avouer vaincue, ne pas s'avouer vaincue...
Alors, j'ai dit que je le savais - « Évidemment, pour qui tu m'as prise ? » - et que, justement, je le testais.
« Mais au fait, ça veut dire quoi chéri, DTF ? ».
Il a répondu : « Dans Ta Face ». Sale gosse.

12 novembre

César : « Maman, tu as oublié de me réveiller, je vais être en retard à mon interro de sciences ! Mais Maaaaaamannnnnn ! ».
Moi, j'ai juste répondu : « DTF César, DTF ».
#vengeance

16 novembre

Nous sommes allés au cinéma aujourd'hui. En famille. Toutafé.
Sachant que le tarif moins de 10 ans est de 4,50 euros, j'ai demandé à César de dire qu'il avait 9 ans et demi.

Oui, je fais des économies sur le dos de mes enfants, et alors ? Qui ne le fait pas ?

18 novembre

Ca y est, la grande mascarade de Noël a démarré. La saison est ouverte. On est à plus d'un mois de Noël et, hop ! on nous saoule déjà avec les achats, le Père Noël.

Moi je m'en fiche, je vais dire à Luna qu'il n'existe pas. Les autres le savent déjà.

19 novembre

Bon, je suis faible et un peu bonne mère aussi, donc j'ai renoncé à annoncer à Luna que le Père Noël est un fake.
Je laisse ce soin à son frère et sa sœur. Hahahahahahaha !

22 novembre

César a pris sa chambre pour une poubelle géante. Un slip par ci, un stylo par là, un paquet de gâteaux sous le matelas, un journal de foot sous ses chaussettes sales. J'ai pété les plombs, j'ai tout jeté. Cartable inclus.

Au moins, il sera obligé de découvrir le local à poubelles. C'est pour lui que je fais ça, hein. Pour son avenir.

23 novembre

César a découvert le local à poubelles. Il ne s'en est pas remis.

Moi : 1 point / César : 0 point

25 novembre

Luna, 2 ans et presque 3 prépare un spectacle pour la fin de l'année sur le thème de Noël. J'adooooore ma fille, mais voir 34 gosses de 2 ans se dandiner en chantant approximativement Petit Papa Noël, ça me gave.

Comment ça, ce n'est pas politiquement correct de le dire? Mais, enfin, TOUS les parents pensent ça, non ?

28 novembre

Ella cherche partout les dessins qu'elle a faits en maternelle.
Je n'y peux rien, je n'habite pas un 200 m^2 et je n'ai pas de cave... Je les ai jetés. Enfin, pas tous, j'en ai gardé deux ou trois. Je ne sais pas comment lui dire que je les ai mis à la poubelle, elle va mal le vivre.

« Ma chérie, un crocodile les a mangés ». Ça se tente, non ?

29 novembre

La naïveté des enfants... Ella a cru à l'histoire du crocodile. LOL.

30 novembre

Du coup, elle a découpé mon sac en croco hérité de ma grand-mère. Garce.

1er décembre

Ah, voilà, le spectacle de Noël de Luna a eu lieu. Bon, j'avoue : c'était mignon tout plein.

Je me suis juste engueulée avec une mère qui braquait son énorme caméra des années 1970 pile devant mes yeux.
Je lui ai demandé gentiment une fois de se pousser, deux fois, trois fois. À la quatrième fois je lui ai dit : « Écoutez, chère Madame, votre fille est tout aussi nulle que tous les autres, donc, merci de ne pas la filmer, en tout cas, pas devant mes yeux »...

Que n'avais-je pas dit ! TOUS les parents se sont tournés vers moi pour me mitrailler du regard. Je me suis sentie prise comme un maquereau dans des filets (enfin, je ne connais personnellement aucun maquereau, donc j'imagine) et j'ai dû m'excuser.
MOI, SOPHIE, j'ai dû M'EXCUSER ! Non, mais, où va le monde ?

En fait, les gens m'insupportent. Encore plus que mes propres enfants.

3 décembre

« Cher Père Noël,
Je voudrais une poupée maquillage, une place pour le concert de Louane, un doudou-réveil et aussi une maman moins indigne. »

Je suis tombée sur cette lettre sur le bureau de Luna (qui a vraisemblablement dû se faire aider de son frère). Voilà, mon cœur a de la peine, c'est malin.

4 décembre

J'ai demandé à Ella si elle savait ce que le mot « indigne » signifie. Elle a répondu : « Bah oui, ça veut dire grosse ».

OK, la situation est encore pire que ce que je croyais, je vais répudier ma fille.

8 décembre

Et si, cette année, les enfants gâtaient les parents à Noël ?

Je suis décidément un génie. Prix Nobel bis pour moi.

9 décembre

Mon idée n'a pas plu aux enfants.
César a même ajouté : « Tu veux pas 100 euros et un Mars ? »
À mon époque, c'était 100 francs et un Mars. Si même les expressions augmentent, on est ruinés avant nos 40 ans.

11 décembre

À propos de sous, j'ai fait les comptes. Avoir des enfants dans les années 2000, c'est vachement plus cher que dans les années 1970-1980.

Je compte donc ouvrir un compte en banque sur lequel je m'auto-verserai 10 euros par mois et par enfant (30 euros, oui je suis une tête en maths) au lieu de le faire pour eux. À leur majorité, j'aurai de quoi voir venir.

Prix Nobel pour moi encore !

15 décembre

Alors que Noël approche, nous avons été en famille acheter un sapin. Nous l'avons ensuite décoré tous ensemble, Adrien plaçant l'étoile tout en haut, Luna accrochant les boules en forme de cœur ici et là, Ella préparant des guirlandes en papier bulle et César chantant des chants de Noël en anglais que nul avant lui, même pas Sinatra, n'avait aussi bien entonnés.
Je te jure que c'est vrai. Je crois que l'esprit de Noël a eu raison de moi.

17 décembre

Mon fils César chausse du 38. Moi aussi.

Il me chipe mes baskets. Cet enfant n'en finira donc jamais de me voler ma vie.

18 décembre

OK, j'ai relu ce que j'avais écrit hier. C'est faux, César ne me vole rien du tout. Je suis sa première fan, il est ma première fierté… MAIS PURÉE QU'EST-CE QU'IL PUE DES PIEDS ! (signé : mes baskets).

20 décembre

Ella, qui n'en loupe pas une, me demande si la dinde de Noël est plus grosse que moi, parce qu'une fois, elle a entendu Adrien me traiter de dinde.

Assassiner sa fille à quatre jours de Noël, ça se fait ou pas ?

22 décembre

Donc, c'est chez nous que le dîner du 24 se passe. Je suis obligée d'inviter mes parents, ma belle-mère et, évidemment, le mec de celle-ci. Il s'appelle Richard, il a 97 ans. L'ambiance promet d'être bonne.

24 décembre

Tu connais la mère qui a laissé tous les cadeaux de ses enfants dans le coffre de sa voiture et qui a perdu les clés ?

25 décembre

Ce fut un réveillon comme un autre après tout. Dinde brûlée, enfants insupportables, Père Noël absent, vannes pourries, règlements de comptes. Bref, comme chez tout le monde, non ? Non ?!

Les enfants ont eu leurs cadeaux, j'ai réussi à ouvrir le coffre de la voiture selon les conseils de l'épisode 5 678 de *MacGyver* mais la voiture, elle, n'a pas survécu.
Et sinon, moi, je n'ai eu AUCUN CADAL (un cadal, des cadeaux). Rien. Depuis que je suis devenue mère, on m'a retiré ce droit au cadeau. Je vais sérieusement militer pour la réhabilitation des cadeaux de Noël pour les adultes devenus parents.

Je ne pige pas en quoi avoir enfanté me priverait de mon kif de Noël.

Sinon, je rends les enfants et je récupère mes cadeaux. Pas con.
Prix Nobel pour moi ENCORE.

27 décembre

Je hais cette période où je bosse, les enfants sont en vacances, ça dégouline de bonheur, de promesses en l'air, de bouffe.

29 décembre

Cette année, on a décidé d'organiser le réveillon du Nouvel An chez nous.

Mais, au fait, que faire des enfants ? Je pourrai les enfermer dans leur chambre avec un bout de pain et le bêtisier de l'année ?
Je déconne : le bêtisier de l'année, c'est trop hardcore quand même. On s'en tiendra au bout de pain.

30 décembre

Je plaisantais hier, hein. Tu crois tout de même pas que je vais leur filer le pain sur lequel je vais mettre mon foie gras ? Non, mais, oh !

31 décembre

Prise de folie, une mère se prénommant Sophie a décidé le jour même d'annuler le réveillon entre adultes qu'elle avait organisé chez elle avec son mari Adrien.

En effet, les deux parents ont décidé de se faire une soirée tranquille avec leurs trois enfants (et leur chien) parce que y'a rien de mieux.
(Je termine l'année en beauté, non ?)

1er janvier

Je ne prends plus de résolutions car je ne peux pas les tenir. Je suis faible.

Cette année, je veux tout pareil que l'an dernier. Avec les enfants moins relous, en prime.

3 janvier

Cher Journal,
ça fait presque un an que je suis avec toi, et, en fait, je crois que rien n'a changé. Je ne réussis pas du tout mon challenge de mère qui ne veut plus être indigne (ou grosse, comme dirait Ella).

Est-ce que tu crois qu'il y a des femmes qui naissent pour devenir des mères parfaites et d'autres non ? Est-ce que tu crois que c'est si grave de ne plus se souvenir de la date de naissance de chacun de ses enfants (j'en ai trois, hein, tout de même et je n'ai qu'un seul cerveau). Est-ce que c'est grave de chiper un euro de temps en temps dans leur tirelire ? Est-ce que c'est grave de leur laisser des poux sur la tête parce qu'en fait ça me saoule grave de « dépouiller » mes gosses ? Est-ce que c'est grave de fantasmer sur David Pujadas en tenant mon bébé dans les bras (oui, je sais, c'est chelou, on a les fantasmes qu'on a) ? Est-ce que c'est grave d'amener parfois les gosses à l'école en pyjama ? Est-ce que c'est grave de leur filer des pâtes tous les soirs ?

Bon, OK, c'est grave.

6 janvier

C'est la CATASTROPHE !
Je suis enceinte.

7 janvier

Oui, j'en sûre, je ne suis née de la dernière pluie. Je ne sais pas comment… j'aurais dû me faire ligaturer les trompes, il avait raison le gynéco… Nooooooon je ne panique pas DU TOUT, ça ne se voit pas ?

OK, je vais en parler à Adrien, après tout, les torts sont partagés.

10 janvier

Adrien veut cet enfant.

Mais est-ce que cet enfant veut de nous ? Je veux dire… je ne suis déjà tellement pas une mère parfaite avec trois… alors quatre… Quatre, c'est wow ! Quatre, c'est dingue ! Quatre, c'est les *Quatre filles du Docteur March* (livre lu en CM1 qui m'a laissé un souvenir impérissable) ! Quatre, c'est les Quatre fantastiques ! Quatre, c'est les Quatre Mousquetaires ! Ah, non, ils sont trois.

11 janvier

Tu connais mon point commun avec Kate Middleton ?

Je vomis à chaque grossesse. Ma façon à moi d'être une princesse anglaise.

15 janvier

OK, on va y arriver. On aura cet enfant. Et je l'aimerai (ou pas).

16 janvier

Je te charrie, je l'aimerai évidemment comme j'aime à la folie furieuse mes trois enfants (un peu moins que le chien que j'ai choisi, LUI) !

18 janvier

« Les enfants, Papa et moi avons à vous parler ». César a cru que c'était encore une histoire de Tribunal parental, Ella que c'était une convocation pour un ShowCase de Louane dans le salon et Luna que c'était l'heure d'aller se coucher.
Adrien a pris la parole. Il a parlé d'amour, de famille, de respect, de fraternité. Ils ont RIEN capté.

J'ai donc repris la main et de façon claire et concise j'ai annoncé : « Voilà... Papa et moi on va... »
Ella a interrompu ce moment solennel digne de De Gaulle avec son appel du 18 juin : « Vous allez divorcer ? je le savais. Trop cool, on va avoir deux appartements ! ».

Non, on ne va pas divorcer, crétinette. « Papa et moi, on va avoir un bébé ».

Il y a eu un blanc. Même le chien est resté muet. César a osé : « Et... c'est une bonne nouvelle ? Pour vous, j'veux dire, parce que moi, je suis content ».

OUI ! C'EST UNE BONNE NOUVELLE !

20 janvier

Ce bébé va me plomber mes vacances d'été. Quelle idée d'avoir pour terme le 3 août. Pffffff.

21 janvier

L'aventure avec toi touche à sa fin. Je suis tout émue. Je ne suis pas sûre de ne pas continuer à écrire l'histoire de moi, Sophie, la trentaine, maman indigne et fière de l'être.

Merci de m'avoir soutenu, cher Journal. On n'estime pas assez le pouvoir des journaux intimes. Je vote pour le prix Nobel de l'amour remis aux journaux intimes du monde entier. Prix Nobel pour TOI !

22 janvier

Finalement ma plus belle victoire ce sont mes enfants (elle est bien cette phrase de conclusion, non ?).

Bon, OK, je sens, cher Journal, que tu n'aimes pas cette conclusion hâtive.
J'ai essayé de devenir une autre moi, une maman plus parfaite, une maman qui organise des réunions Tupperware, qui est fun, jamais stress, toujours ravie, toujours douce et rayonnante mais voilà... je suis comme je suis. Un peu fofolle, un peu indigne, un peu marrante, un peu stressée et surtout... très folle de ses enfants !

Alors comme le dirait Dora : « Allons-y, *Let's go* c'est (re)parti les amis ! »

Dans la même série,
découvrez aussi :